正の数・

JN124535

合格点 80点
得点 　点
解答 ➡ P.105

1 次の計算をしなさい。(6点×4)

(1) $-6+(-15)$　　(2) $4.5-(-2.7)$

(3) $-\frac{2}{9}+\left(-\frac{4}{9}\right)$　　(4) $-6-(-4)+(-2)+5$

2 次の計算をしなさい。(6点×4)

(1) $(-7)\times(-3)$　　(2) $48\div(-8)$

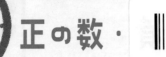

(3) $-9\times\left(-\frac{5}{12}\right)$　　(4) $32\div(-2)^3\times(-3)^2$

3 次の計算をしなさい。(7点×4)

(1) $(-30)\div5-8\times(-2)$　　(2) $(-7)^2-(-4)\times3$

(3) $28\div(-13+6)$　　(4) $6+(-30+4^2)\div(-2)$

4 次の数を素数の積の形に表しなさい。(8点×3)

(1) 12　　(2) 40　　(3) 84

月　日

数学 2

式の計算

合格点 80点
得点 　点
解答 ➡ P.105

1 次の計算をしなさい。(7点×6)

(1) $4x+(-9x)$

(2) $(9a-7)-(6a-5)$

(3) $(42a-14b)\div(-7)$

(4) $-5(3x-2y)+3(4x-5y)$

(5) $\left(\frac{2}{3}x-\frac{5}{8}y\right)\times24$

(6) $\frac{5a-2b}{4}-\frac{2a-3b}{6}$

2 次の計算をしなさい。(7点×4)

(1) $7a^2b\times2ab$

(2) $4xy^3\times(-5x)\div10y^2$

(3) $15xy^2\div\left(-\frac{5}{9}xy\right)$

(4) $3a^2b^3\times(-2a)^2\div(-4ab^2)$

3 次の問いに答えなさい。

(1) $a=-8$，$b=\frac{1}{3}$ のとき，$48ab^2\div(-4b)$ の値を求めなさい。(12点)

(2) $5x-9y=4$ をyについて解きなさい。(8点)

4 1個130円のパンをa個と，1個210円のケーキをb個買うと，代金は1000円以下です。このときの数量の関係を不等式で表しなさい。(10点)

数学

3 式の展開

合格点 80点
得点 　点
解答 ➡ P.105

1 次の計算をしなさい。(5点 × 2)

(1) $5a(a+3b)$

(2) $(8x^2y-4xy^2)\div 2y$

2 次の式を展開しなさい。(6点 × 8)

(1) $(a+6)(b+2)$

(2) $(x+2)(x-y+5)$

(3) $(x+7)(x+4)$

(4) $(a+9)(a-6)$

(5) $(a+8)^2$

(6) $(x-5)^2$

(7) $(x+6)(x-6)$

(8) $\left(a-\frac{3}{4}\right)\left(a+\frac{3}{4}\right)$

3 次の式を展開しなさい。(7点 × 4)

(1) $(4x-2)(4x-5)$

(2) $(5a+4b)^2$

(3) $\left(\frac{2}{3}x-3y\right)^2$

(4) $\left(2x-\frac{1}{5}\right)\left(2x+\frac{1}{5}\right)$

4 次の計算をしなさい。(7点 × 2)

(1) $(x-4)^2+(x+4)(x+3)$

(2) $2(x+2)(x-2)+(x-6)(x+5)$

月　日

数学

4 因数分解

合格点 80点

得点　　点

解答 ➡ P.105

1 次の式を因数分解しなさい。（8点×8）

(1) $3a^2-12ab$

(2) x^2+6x+8

(3) x^2-7x+6

(4) $x^2+12x+36$

(5) x^2-81

(6) $x^2-4xy-21y^2$

(7) $a^2-18ab+81b^2$

(8) $4a^2-16b^2$

2 次の式を，くふうして計算しなさい。（7点×4）

(1) 104^2

(2) 102×98

(3) 71^2-69^2

(4) $6.5^2\times2.5-3.5^2\times2.5$

3 $a=13$，$b=7$ のとき，$a^2+2ab+b^2$ の値を求めなさい。（8点）

数学

5 平方根①

80点

得点　　点

解答 ➡ P.106

1 次の数の平方根を求めなさい。(6点×3)

(1) 36　　(2) $\dfrac{9}{16}$　　(3) 10

2 次の数を，根号を使わずに表しなさい。(6点×3)

(1) $\sqrt{64}$　　(2) $-\sqrt{121}$　　(3) $\sqrt{(-5)^2}$

3 次の問いに答えなさい。(6点×4)

(1) 次の数を$\sqrt{a}$ の形に表しなさい。

① $4\sqrt{2}$　　② $\dfrac{\sqrt{20}}{2}$

(2) 次の数を$a\sqrt{b}$ の形に表しなさい。

① $\sqrt{28}$　　② $\sqrt{72}$

根号の中の数はできるだけ小さい自然数にしておこう。

4 次の数の分母を有理化（ゆうりか）しなさい。(8点×3)

(1) $\dfrac{5}{\sqrt{2}}$　　(2) $\dfrac{\sqrt{7}}{\sqrt{6}}$　　(3) $\dfrac{12}{\sqrt{3}}$

5 次の数で，(1)，(2)にあてはまるものをすべて答えなさい。(8点×2)

0.27，$\sqrt{2}$，19，$\sqrt{15}$，$\dfrac{4}{7}$，$\sqrt{25}$

(1) 無理数（むりすう）　　(2) 有理数（ゆうりすう）

月　日

平方根②

合格点 80点

得点　　点

解答 ➡ P.106

1 次の計算をしなさい。（7点×4）

(1) $\sqrt{5}\times\sqrt{3}$

(2) $\sqrt{30}\times4\sqrt{15}$

(3) $\sqrt{2}\div\sqrt{7}$

(4) $\sqrt{27}\div6\sqrt{2}$

2 次の計算をしなさい。（8点×4）

(1) $6\sqrt{7}-9\sqrt{7}$

(2) $3\sqrt{12}-2\sqrt{20}-\sqrt{45}+\sqrt{27}$

(3) $\dfrac{\sqrt{5}}{2}+\dfrac{3}{\sqrt{5}}$

(4) $2\sqrt{27}-\sqrt{12}+\dfrac{9}{\sqrt{3}}$

3 次の計算をしなさい。（8点×4）

(1) $\sqrt{3}(4+2\sqrt{3})$

(2) $\sqrt{5}(2\sqrt{15}-\sqrt{35})$

(3) $(\sqrt{3}-\sqrt{6})^2$

(4) $(\sqrt{7}-\sqrt{2})(\sqrt{7}+5\sqrt{2})$

4 $\sqrt{54n}$ が整数となるような自然数 n のうち，もっとも小さいものはいくつですか。（8点）

1次方程式

合格点 80点
得点　　点
解答 ➡ P.106

1 次の方程式を解きなさい。（7点×6）

(1) $7x-12=16$　　(2) $3x+8=2$

(3) $9x+4=6x-11$　　(4) $21-4x=2x-3$

(5) $5(2x-5)+6=8x-1$　　(6) $2(8x+3)+5=7(3x-2)$

2 次の方程式を解きなさい。（8点×2）

(1) $-4.1x+3.4=-2.9x-6.2$　　(2) $\frac{5}{9}(x-3)=\frac{1}{6}x-2$

3 次の比例式を解きなさい。（9点×2）

(1) $x:21=4:7$　　(2) $3:5=x:(x+6)$

4 xについての方程式 $0.7x+0.4a=3x+17$ の解が $x=-6$ のとき，aの値を求めなさい。（12点）

5 みかん4個と220円のなし1個を買ったときの代金の3倍は，同じみかん1個と150円のりんご1個を買ったときの代金の5倍より330円多いです。このみかん1個の値段を求めなさい。（12点）

連立方程式

合格点 80点

得点　　点

解答 ➡ P.107

1 次の連立方程式を解きなさい。((1)~(3)13点×3，(4)~(6)14点×3)

(1) $\begin{cases} 3x+4y=-7 \\ -2x+3y=16 \end{cases}$

(2) $\begin{cases} 5x+6y=2 \\ y=-2x+5 \end{cases}$

(3) $\begin{cases} 9x-4y=-6 \\ 7x-2(3x-y)=14 \end{cases}$

(4) $\begin{cases} 5.4x+4.8y=3 \\ 6x+5y=2 \end{cases}$

(5) $\begin{cases} \frac{1}{4}x+\frac{5}{6}y=-2 \\ 8x+5y=1 \end{cases}$

(6) $9x+7y+7=3x+5y=7x+11y$

2 ある中学校の水泳部の部員は，昨年は35人でした。今年は男子が20％増え，女子が30％減ったので，全体で3人減りました。今年の男子，女子それぞれの部員の人数を求めなさい。(19点)

数学 9

2次方程式の解き方

合格点 80点
得点　　点
解答 ➡ P.107

1 次の方程式を解きなさい。（6点×6）

(1) $3x^2=12$

(2) $(x+2)^2=36$

(3) $(x-3)^2-18=0$

(4) $(x-3)(x+5)=0$

(5) $x^2+8x+12=0$

(6) $x^2-8x+16=0$

2 次の方程式を解きなさい。（8点×4）

(1) $x^2+x=-5x-5$

(2) $(x-1)(x+5)=-9$

(3) $2x^2-12x-32=0$

(4) $2(x+3)^2=(x-3)(x+3)$

3 2次方程式 $x^2+6x-8=0$ を次のように解きなさい。（7点×2）

(1) $(x+▲)^2=●$ の形に変形しなさい。

$x^2+2ax+a^2=(x+a)^2$ を利用しよう。

(2) xの値を求めなさい。

4 次の方程式を，解の公式を使って解きなさい。（9点×2）

(1) $3x^2+9x+5=0$

(2) $2x^2+7x-4=0$

2次方程式の利用

1 2次方程式 $x^2+ax+6a=0$ の1つの解が $x=-4$ であるとき，a の値を求めなさい。また，もう1つの解を求めなさい。（15点 × 2）

2 大小2つの数があります。その差は7で，積は78になります。この2つの数を求めなさい。（20点）

3 横が縦より8cm長い長方形の紙があります。この紙の4すみから1辺5cmの正方形を切り取り，直方体の容器をつくると，容積が420 cm^3 になりました。紙の縦の長さは何cmですか。（25点）

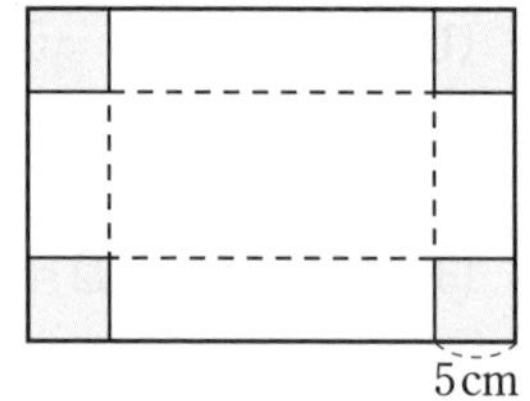

4 右の図のような正方形ABCDで，点P，Qはそれぞれ点A，Dから同時に出発して，同じ速さで，PはBまで，QはAまで動きます。点PがAから何cm動いたとき，△APQの面積が9 cm^2 になりますか。（25点）

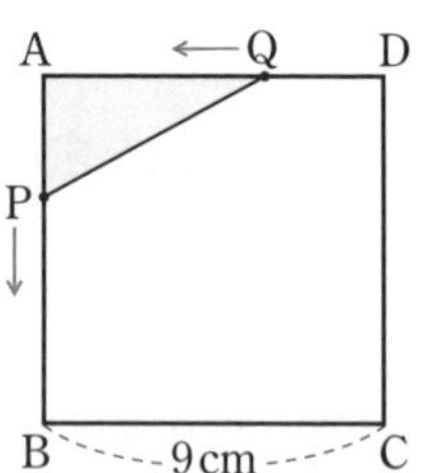

比例と反比例

解答 ➡ P.107

1 次の式のうち，y が x に比例するもの，反比例するものをそれぞれすべて選びなさい。（10点×2）

ア $y=-4x$　**イ** $y=3x-1$　**ウ** $y=-\dfrac{8}{x}$

エ $y=8-x$　**オ** $y=-\dfrac{6}{x}$　**カ** $y=\dfrac{x}{2}$

2 次の(1)，(2)について，y を x の式で表しなさい。また，$x=-12$ のときの y の値を求めなさい。（10点×4）

(1) y は x に比例し，$x=8$ のとき $y=-14$ である。

比例の式と反比例の式に x，y の値を代入しよう。

(2) y は x に反比例し，$x=9$ のとき $y=-4$ である。

3 右の図について，①～④のグラフの式を求めなさい。ただし，③，④は反比例のグラフです。（10点×4）

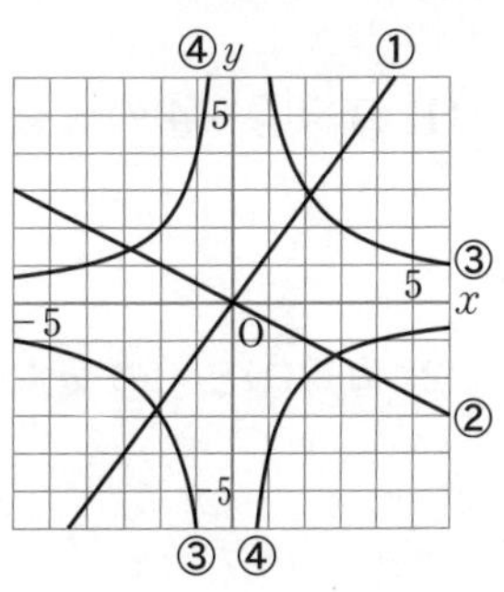

月　日

1次関数

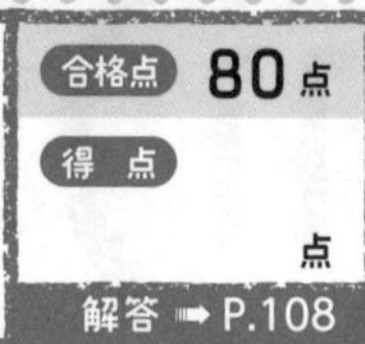

1 1次関数 $y=\frac{2}{3}x-4$ について，次の問いに答えなさい。（10点×2）

(1) 変化の割合を求めなさい。

(2) xの増加量が6のときのyの増加量を求めなさい。

2 次の条件を満たす1次関数を求めなさい。（10点×2）

(1) グラフが点(6, 7)を通り，切片が−9

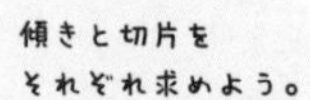

(2) グラフが2点(3, 4)，(−2, −11)を通る。

3 右の図について，次の問いに答えなさい。
（12点×5）

(1) 直線①～④の式を求めなさい。

(2) 直線①と④の交点の座標を求めなさい。

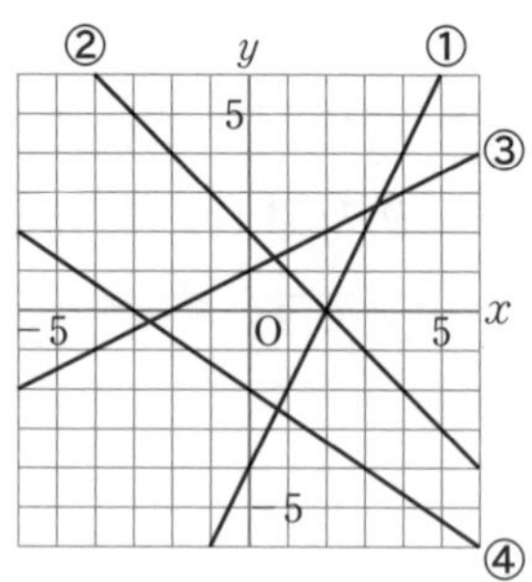

関数 $y=ax^2$ ①

解答 ➡ P.108

1 yはxの2乗に比例し，$x=2$ のとき$y=-8$ です。このとき，yをxの式で表しなさい。また，$x=-3$ のときのyの値を求めなさい。(10点×2)

2 次の関数について，次の問いに答えなさい。

(1) 関数 $y=2x^2$ のグラフを右の図にかきなさい。(18点)

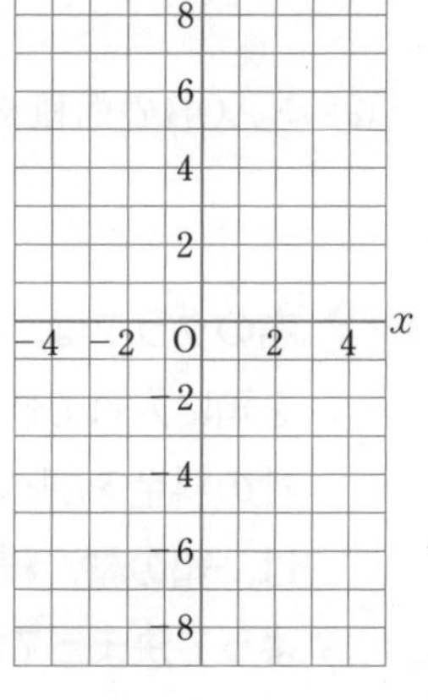

(2) 関数 $y=ax^2$ のグラフが点$(-6,\ 9)$を通るとき，次の問いに答えなさい。(12点×2)

① aの値を求めなさい。

② 点$(m,\ 16)$がこのグラフ上にあるとき，mの値を求めなさい。

3 次の関数について，yの変域を求めなさい。(12点×2)

(1) $y=-x^2$ $(1 \leqq x \leqq 4)$

(2) $y=\dfrac{1}{3}x^2$ $(-3 \leqq x \leqq 1)$

4 関数 $y=-3x+2$ と $y=x^2$ は，xがaから$a+5$ まで増加したときの変化の割合が等しくなります。aの値を求めなさい。(14点)

関数 $y=ax^2$ ②

合格点 80点

得点　　点

解答 ➡ P.108

1 右の図で，関数$y=x^2$のグラフと直線ℓが点A，Bで交わっており，点Aのx座標は-2，点Bのx座標は3です。このとき，次の問いに答えなさい。（20点×2）

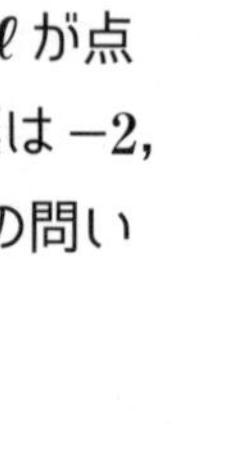

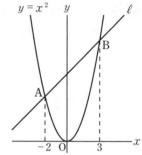

(1) 直線ℓの式を求めなさい。

(2) △AOBの面積を求めなさい。

2 右のグラフは，東京から大阪まで荷物を箱に入れて送るときの，ある運送会社の料金を調べたものです。料金y円は，箱の縦，横，高さの合計$x$cmによって決まっています。これについて，次の問いに答えなさい。ただし，グラフの○はその点をふくまず，●はその点をふくむことを表しています。

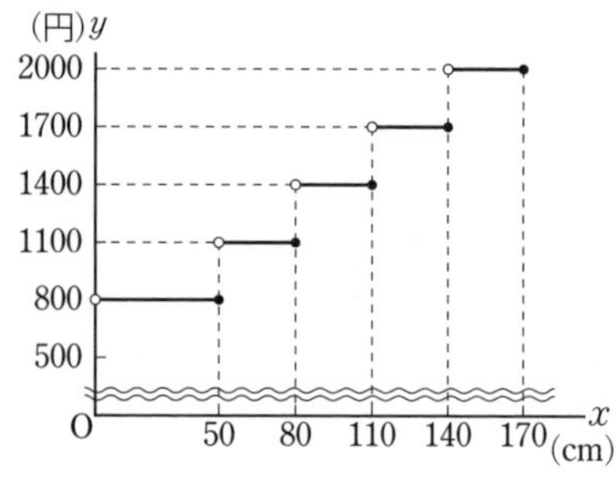

(1) 縦，横，高さの合計が次の荷物を送るとき，料金はそれぞれ何円ですか。（15点×2）

① 60cm　　② 140cm

(2) 次の料金で送れる荷物の縦，横，高さの合計x(cm)の範囲を，不等号を使って表しなさい。（15点×2）

① 800円　　② 1400円

数学 15 平面図形・空間図形

合格点 80点
得 点 点
解答 ➡ P.108

1 右の図で，△DEFは△ABCを直線ℓを対称の軸として対称移動したものです。次の問いに答えなさい。（10点×2）

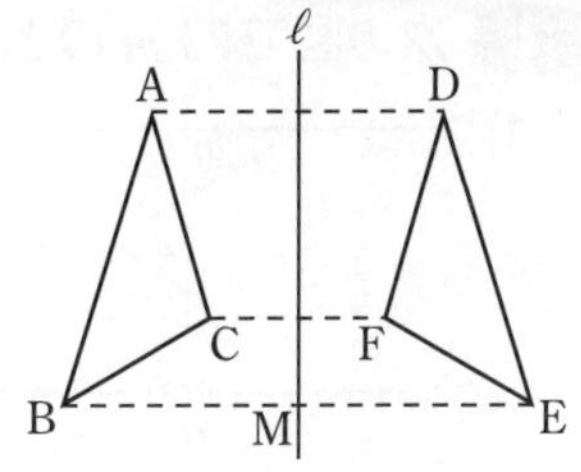

(1) ∠Dと大きさが等しい角はどれですか。

(2) BE＝10cmのとき，線分BMの長さを求めなさい。

2 右の図は，おうぎ形を組み合わせた図形です。この図形の色のついた部分のまわりの長さと面積を求めなさい。ただし，円周率はπとします。（10点×2）

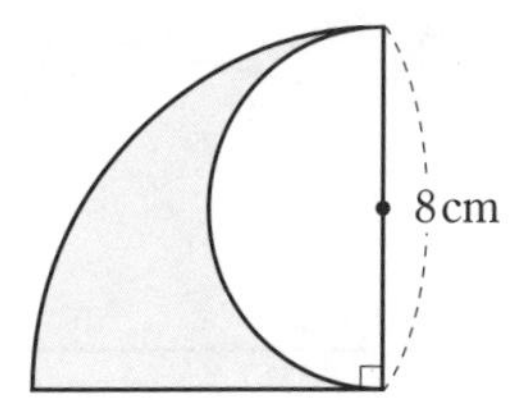

3 次の正四角錐（せいしかくすい）と円錐の表面積と体積をそれぞれ求めなさい。ただし，円周率はπとします。（10点×4）

(1)

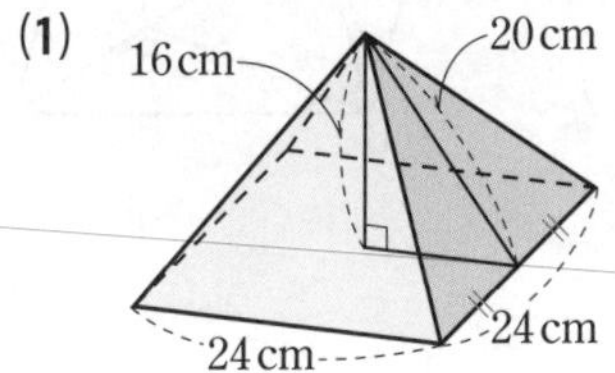

(2)

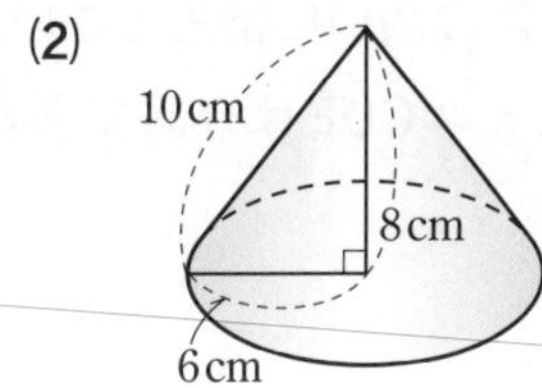

4 直径12cmの球の表面積と体積を求めなさい。ただし，円周率はπとします。（10点×2）

図形の性質と合同

合格点 80点
得点 点
解答 ➡ P.109

1 次の図で$\ell /\!/ m$のとき，$\angle x$の大きさを求めなさい。（16点×2）

(1)

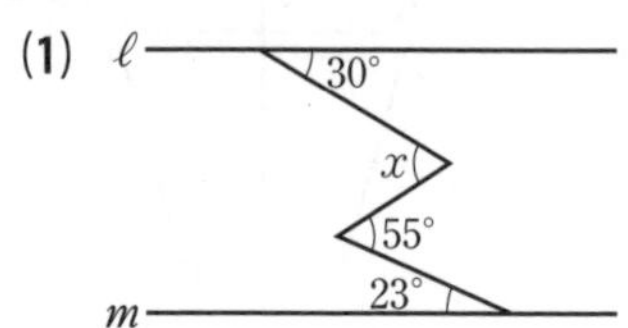

(2)

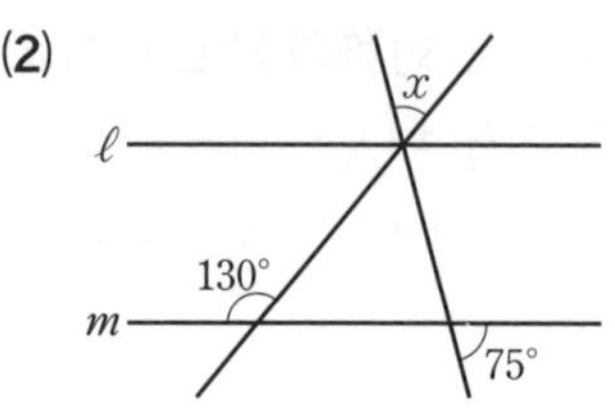

2 次の図で，$\angle x$の大きさを求めなさい。（16点×2）

(1)

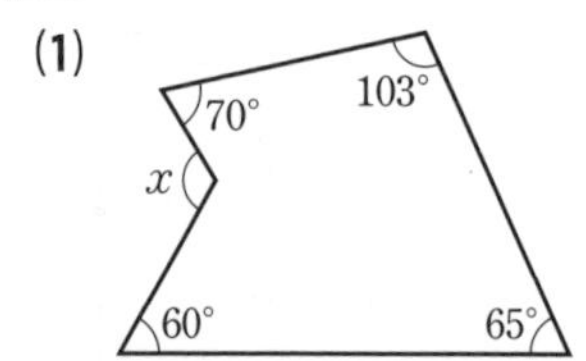

(2)

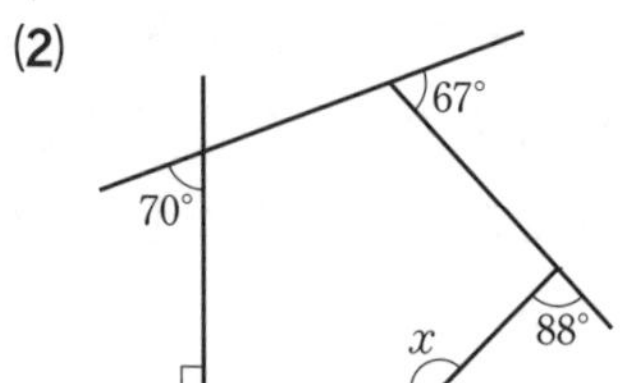

3 右の図のように，▱ABCDの対角線AC上に，AE＝CFとなる2点E，Fをとります。このとき，次の問いに答えなさい。（18点×2）

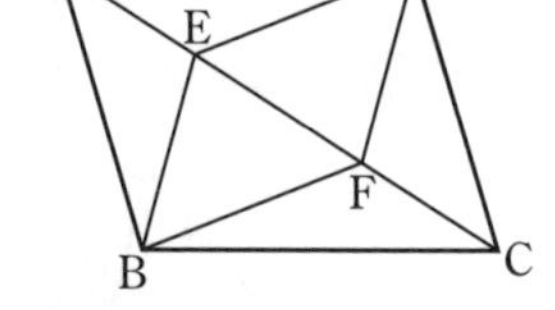

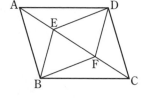

(1) △ABEと△CDFは合同であることを証明しなさい。

(2) (1)と「1組の対辺が平行でその長さが等しい四角形は平行四辺形である」ことを利用して，四角形BFDEは平行四辺形であることを証明しなさい。

相似な図形 ①

合格点 80点
得点 　　点
解答 ➡ P.109

1 次の図で，相似な三角形を記号∽を使って表しなさい。また，そのときに用いた相似条件をいいなさい。（18点×2）

(1)

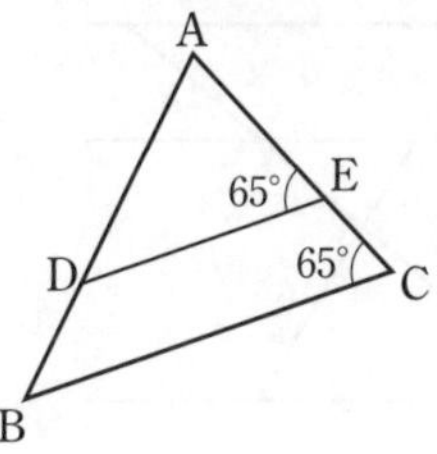

(2)

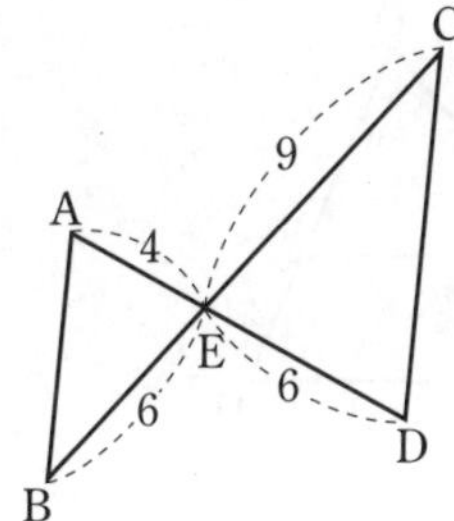

2 右の図のように，線分AB, CDが点Oで交わっていて，AO＝6，BO＝4，CO＝5.4，DO＝3.6です。このとき，△AOC∽△BODであることを証明しました。□をうめなさい。（8点×8）

〔証明〕 △AOCと△ (1)　　 において，

AO : BO＝6 : 4＝3 : (2)　，

CO : DO＝5.4 : 3.6＝ (3)　 : (4)　 だから，

AO : BO＝CO : (5)　　 ……①

対頂角は等しいから，∠AOC＝∠ (6)　　 ……②

①，②より， (7)　　 の比と (8)　　 がそれぞれ等しいから，

△AOC∽△BOD

相似な図形 ②

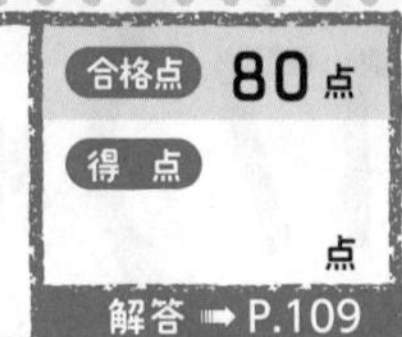

1 次の(1)の図で，AB∥CDとし，(2)の図で，$\ell /\!/ m /\!/ n$ とするとき，x，y の値を求めなさい。（10点×4）

(1)

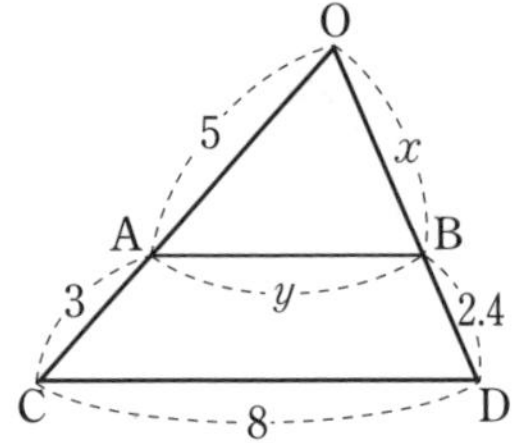

(2)

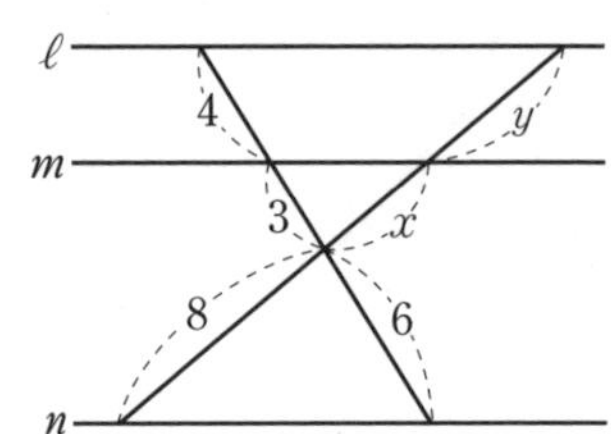

2 右の図のような，AD∥BCの台形があり，M，Nはそれぞれ2辺AB，DCの中点です。AD＝12cm，MN＝18cmのとき，辺BCの長さを求めなさい。（15点）

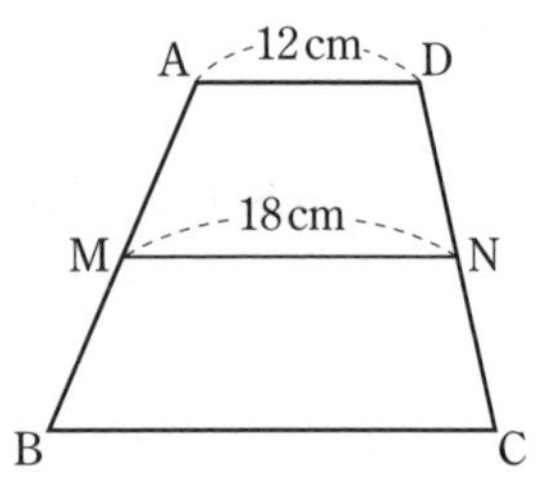

3 右の図のような，2つの円錐（えんすい）があります。この2つの円錐が相似であるとき，次の問いに答えなさい。ただし，円周率はπとします。（15点×3）

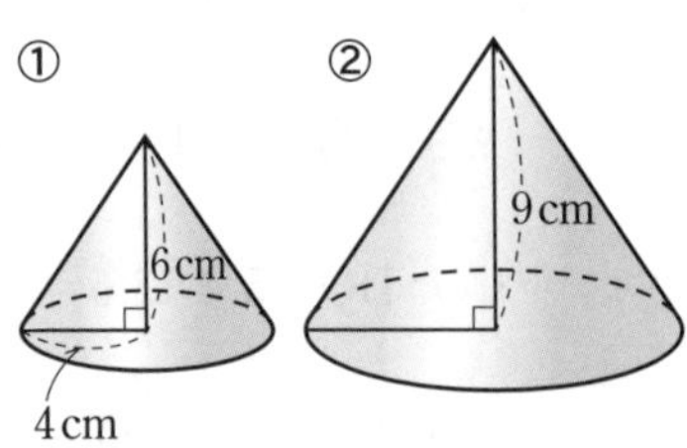

(1) 円錐①の体積を求めなさい。

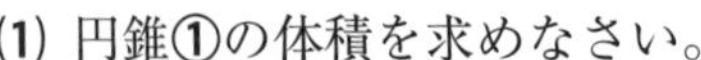

(2) 円錐②の底面積を求めなさい。

相似比を
利用して求めよう。

(3) 円錐②の体積を求めなさい。

19 円

月　日

合格点 80点

得点　点

解答 ➡ P.110

1 次の図で，$\angle x$の大きさを求めなさい。（15点×4）

(1)

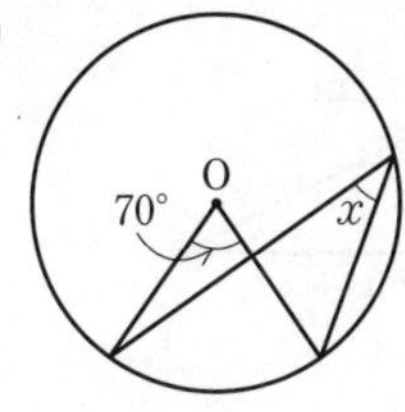

(2)

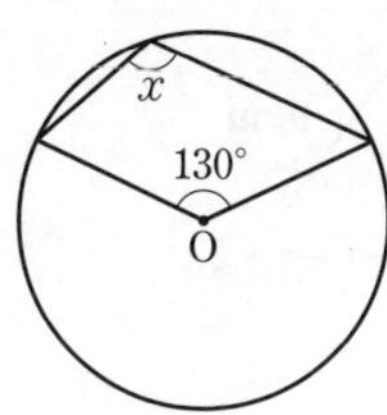

(3)

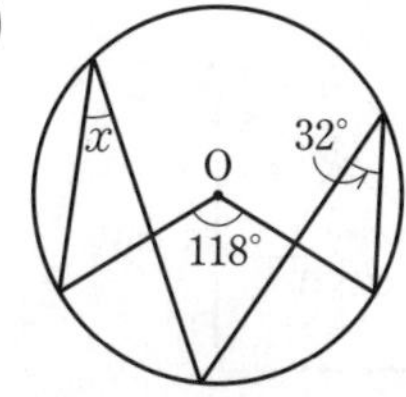

(4)

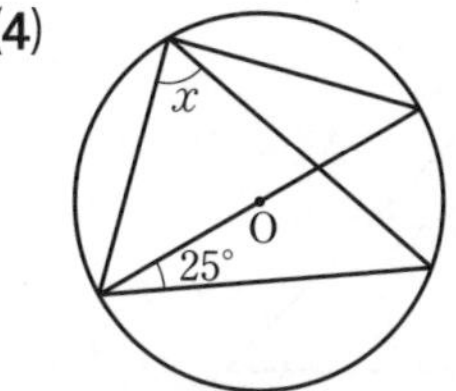

2 右の図で，AC，BDは四角形ABCDの対角線で，それぞれ辺CD，ABと垂直に交わります。このとき，次の問いに答えなさい。

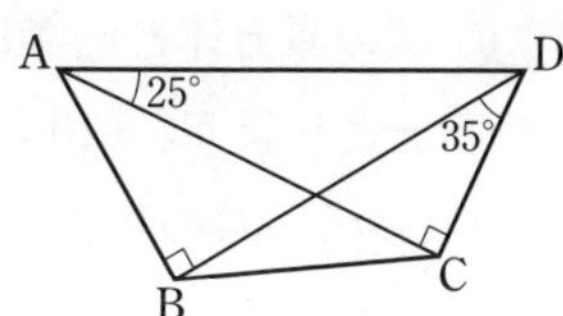

（20点×2）

(1) ∠ADCの大きさを求めなさい。

(2) ∠ACBの大きさを求めなさい。

三平方の定理

合格点 80点
得 点 　点
解答 ➡ P.110

1 次の直角三角形で，xの値を求めなさい。（10点×2）

(1)

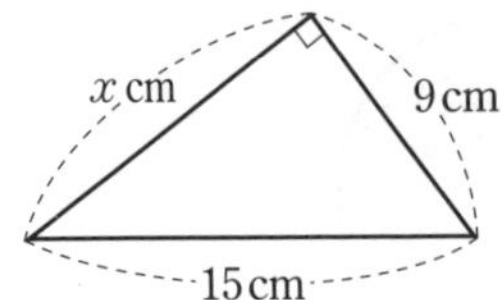

(2)

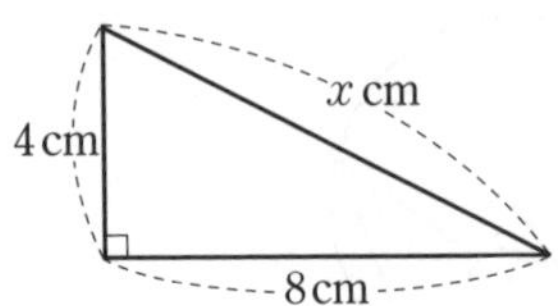

2 次の図の ∠C＝90° の直角三角形ABCで，AB⊥CD のとき，x，yの値を求めなさい。（10点×4）

(1)

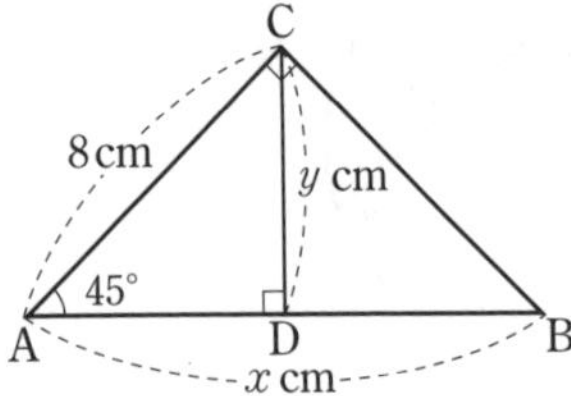

(2)

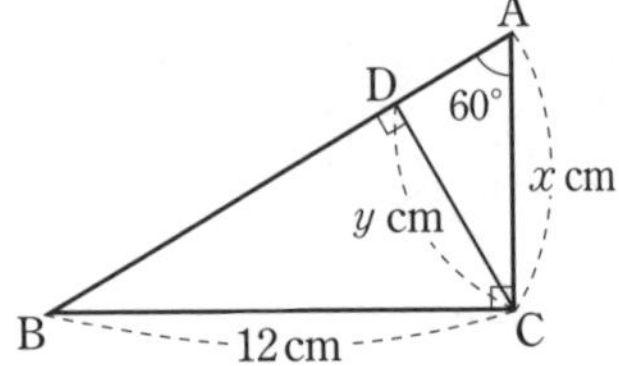

3 次の直方体と円錐（えんすい）について，次のものを求めなさい。ただし，円周率はπとします。（20点×2）

(1) 対角線AGの長さ

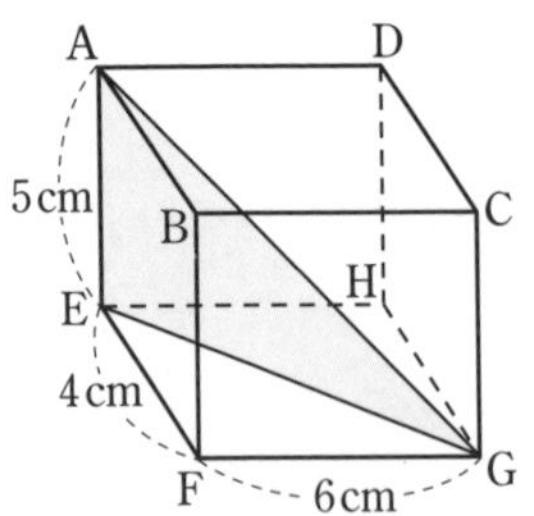

(2) 体積

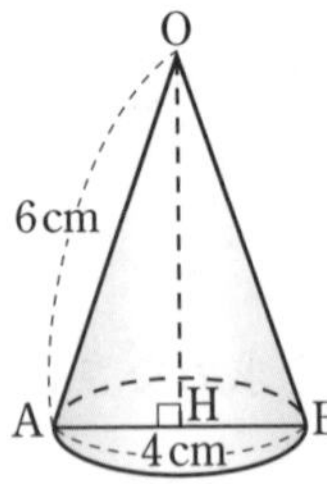

データの整理，確率

合格点 80点
得点　点
解答 ➡ P.110

1 右の表は，20個のたまごの重さ(単位：g)を調べたものです。これについて，次の問いに答えなさい。

52	48	50	54	43	51	58
45	39	52	51	56	40	53
49	44	53	47	51	46	

(1) 右の度数分布表を完成させなさい。(18点)

(2) (1)でつくった度数分布表を，右のヒストグラムに表しなさい。(16点)

重さ(g) 以上　未満	度数(個)	累積度数(個)
35〜40		
40〜45		
45〜50		
50〜55		
55〜60		
計		

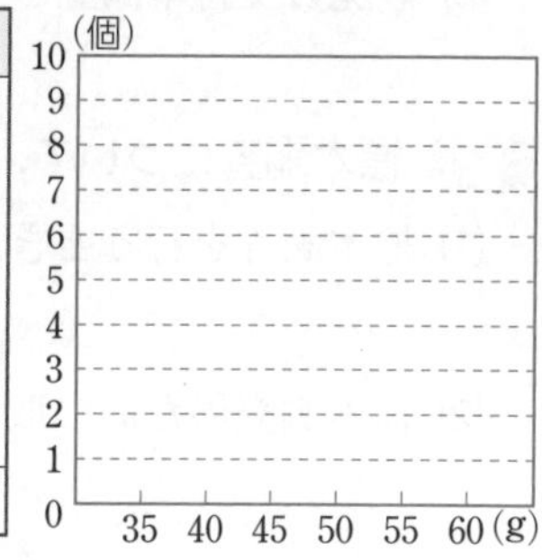

(3) 45g以上55g未満の階級の相対度数を求めなさい。(16点)

2 下のデータは，あるクラスの女子9人の垂直跳びの記録を表したものです。このクラスのデータの四分位範囲を求めなさい。(18点)

43　49　44　59　54　46　45　50　46　(単位：cm)

3 次の確率を求めなさい。(16点×2)

(1) 2つのさいころを同時に投げるとき，出る目の数の和が4の倍数となる確率

(2) 5本のくじの中に2本当たりくじが入っています。このくじを1本ひき，それをもとにもどさないで，もう1本ひくとき，少なくとも1本は当たる確率

標本調査

合格点 80点
得点　点
解答 ➡ P.111

1 次の調査は，全数調査と標本調査のどちらが適切ですか。(9点×4)

(1) 国勢調査　　(2) 電球の寿命調査

(3) 政党の支持率調査　　(4) 高校の入学試験

2 標本調査について，次の問いに答えなさい。(10点×3)

(1) 標本調査を行うとき，傾向を知りたい集団全体を何といいますか。

(2) 標本調査のために取り出した一部の資料を何といいますか。

(3) 標本調査で，取り出した資料の個数を何といいますか。

3 次のように標本調査をしました。標本の選び方として最も適切なものを選びなさい。(14点)

ア ある中学校全体の生徒の睡眠時間の平均値を推測するために，3年生のある1組について調べた。

イ 鉄道運賃の値上げについて利用者の意見を聞くために，ある駅の乗客全員の意見を聞いた。

ウ 市内の中学校で，3年生全体の身長の平均値を推測するために，各中学校の3年生から10人ずつ無作為（むさくい）に選んで調べた。

4 袋の中に赤玉と白玉が合わせて250個入っています。この袋の中から40個の玉を無作為に抽出したところ，抽出した玉のうち赤玉は16個でした。この袋の中には，およそ何個の赤玉が入っていると考えられますか。

(20点)

社会 23

世界の地域構成

1 次の地図を見て，あとの各問いに答えなさい。

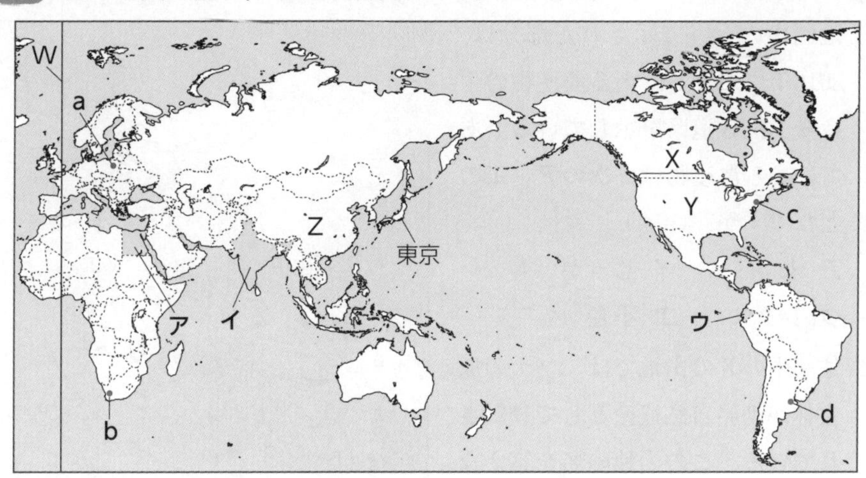

(1) 地図中のWの経線を何といいますか。（10点） [　　　　]

(2) 次の各文にあてはまる国を地図中の**ア**～**ウ**から選びなさい。（15点×3）

① 国名がスペイン語で「赤道」を意味する国。 [　　]

② 古代，ナイル川流域に文明が栄えた国。 [　　]

③ ヒンドゥー教徒が多い，人口の多さが世界第２位（2017年）の国。 [　　]

(3) 地図中のXはカナダと地図中のYの国の国境線の一部である。この国境線は何をもとに定められたものですか。（15点） [　　　]

(4) 地図中のZの国の人口（2017年）は約14億1000万人である。Zの国の人口が世界の総人口に占(し)める割合にもっとも近いものを，次の**ア**～**エ**から１つ選びなさい。（15点） [　　]

ア 3分の1　**イ** 5分の1　**ウ** 10分の1　**エ** 20分の1

(5) 地球儀(ちきゅうぎ)で見たとき，地図中の東京からもっとも遠いところに位置する都市は，a～dのうちではどれですか。（15点） [　　]

日本の地域構成

合格点 80点
得点 　点
解答 ➡ P.111

1 次の地図を見て，あとの各問いに答えなさい。

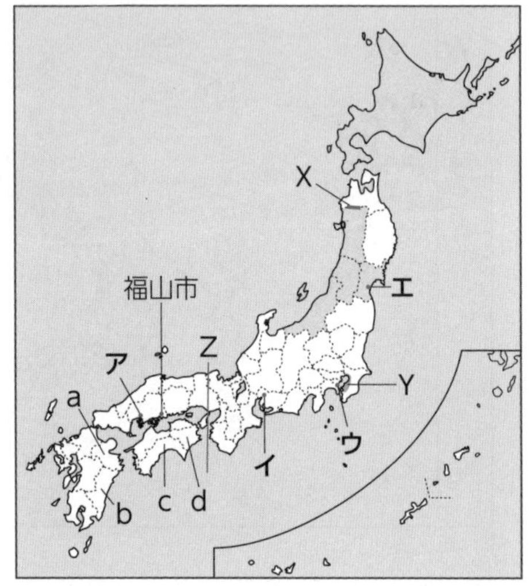

(1) 地図中の▭で示された部分は，2016年における，ある農産物の生産量上位5道県を示している。あてはまる農産物は，次の**ア**～**エ**のどれですか。（10点）　[　　　]

ア 米　　**イ** じゃがいも
ウ レタス　　**エ** 小麦

(2) 地図中のXの山地では，ブナの原生林が世界自然遺産として登録されている。この山地の名を答えなさい。（20点）　[　　　]山地

(3) 千葉県の東京湾沿いの海岸を埋め立ててつくられた地図中のYの工業地域名を答えなさい。（20点）　[　　　]工業地域

(4) 地図中のZの経線は，日本の時刻を決める標準時子午線である。この子午線が通っている経度を，次から選びなさい。（10点）　[　　　]

ア 東経125度　　**イ** 東経135度　　**ウ** 東経145度　　**エ** 東経155度

(5) 次の文にあてはまる都市は，地図中の**ア**～**エ**のどれですか。（20点）　[　　　]

第二次世界大戦後の大規模な都市計画で幅100 mの道路を建設した。周辺地域では，自動車や陶磁器などの工業が盛んである。

(6) 地図中の福山市には，室蘭市，君津市と共通した工業が見られる。この工業は，次の**ア**～**エ**のどれですか。（10点）　[　　　]

ア 製紙・パルプ業　　**イ** 石油化学工業　　**ウ** 造船業　　**エ** 鉄鋼業

(7) 海岸に沿って平野が広がり，野菜の大規模な促成栽培が盛んな九州地方の県を，地図中のa～dから選びなさい。（10点）　[　　　]

社会 25

古代～中世の歴史

合格点 80点
得点　　点
解答 ➡ P.112

1 年表を見て，次の各問いに答えなさい。（10点×10）

年代	できごと
593	聖徳太子が摂政となる…………A
645	大化の改新が始まる……………B
743	墾田永年私財法が出される………C
935	平将門の乱がおこる……………D
1086	（ ① ）の院政が始まる
1167	平清盛が太政大臣になる
1192	源頼朝が征夷大将軍になる
1274	元寇がおこる……………………E
1334	（ ② ）が建武の新政を行う
1467	応仁の乱がおこる………………F
1549	ザビエルが来日…………………G

（年表右側：743〜935 ア，935〜1086 イ，1086〜1167 ウ，1167〜1192 エ）

(1) 空らんにあてはまる人物を，次のア～エから選びなさい。
①[　　] ②[　　]
ア 後鳥羽上皇
イ 桓武天皇
ウ 白河上皇
エ 後醍醐天皇

(2) Aの聖徳太子が才能のある人材の登用をはかるために定めた制度を何といいますか。
[　　]

(3) Bに関係のある人物を，次の**ア～エ**から選びなさい。
ア 中大兄皇子　**イ** 山上憶良　**ウ** 小野妹子　**エ** 藤原定家　[　　]

(4) Cを契機に広がった，貴族や寺社の私有地を何といいますか。[　　]

(5) Dがおこった地域を，次の**ア～エ**から選びなさい。[　　]
ア 東北地方　**イ** 関東地方　**ウ** 瀬戸内地方　**エ** 北陸地方

(6) Eのときの元の皇帝の名を答えなさい。[　　]

(7) Fの乱ののち，下剋上の風潮の中で勢力を拡大した大名を何といいますか。
[　　]

(8) Gのきっかけとなったできごとを，次の**ア～エ**から選びなさい。[　　]
ア 宗教改革　**イ** ルネサンス　**ウ** フランス革命　**エ** 名誉革命

(9) 次のできごとがおこった時期を，年表中の**ア～エ**から選びなさい。
娘を天皇のきさきにし，藤原氏の全盛期を築いた。[　　]

月　日

社会

26 近世〜近代の歴史

合格点 80点
得点 　点

解答 ➡ P.112

1 年表を見て，次の各問いに答えなさい。

年代	できごと	
1573	室町幕府がほろびる…………………………A	
1603	(①)が征夷大将軍になる	
1639	(②)船の来航を禁止する	
1680	徳川綱吉が５代将軍になる	
1716	享保の改革が始まる…………………………B	
1787	寛政の改革が始まる…………………………C	
1841	天保の改革が始まる…………………………D	
1867	大政奉還……………………………………E	
		ア
1869	藩主が土地と人民を朝廷に返す……………F	
		イ
1877	西南戦争がおこる……………………………G	
		ウ
1889	大日本帝国憲法が発布される…………	
		エ
1894	日清戦争がおこる……………………………	

(1) 空らん①にあてはまる人物の名を答えなさい。（15点）

[　　　　]

(2) 空らん②にあてはまる国は，次のア〜エのどれですか。

[　　] （10点）

ア イギリス　**イ** ポルトガル
ウ スペイン　**エ** オランダ

(3) ①の人物が石田三成(いしだみつなり)の率いる西軍を打ちやぶった戦いを何といいますか。（15点）

[　　　　]

(4) Aにもっとも関係のある人物を，次から選びなさい。（10点）　[　　]

ア 明智光秀(あけちみつひで)　**イ** 豊臣秀吉(とよとみひでよし)　**ウ** 織田信長(おだのぶなが)　**エ** 武田勝頼(たけだかつより)

(5) 次の文に関係のある改革を，年表中のB〜Dから選びなさい。（10点）

裁判や刑罰(けいばつ)の基準を決めた公事方御定書(くじかたおさだめがき)を制定した。　[　　]

(6) Eを行った人物の名を答えなさい。（10点）　[　　　　]

(7) Fを何といいますか。次の**ア**〜**エ**から選びなさい。（10点）

ア 地租改正(ちそかいせい)　**イ** 版籍奉還(はんせきほうかん)　**ウ** 富国強兵(ふこくきょうへい)　**エ** 殖産興業(しょくさんこうぎょう)　[　　]

(8) Gのおこった地域は現在の何県か，次の**ア**〜**エ**から選びなさい。（10点）

ア 広島県　**イ** 山口県　**ウ** 長崎県　**エ** 鹿児島県　[　　]

(9) 次のできごとがおこった時期を，年表中の**ア**〜**エ**から選びなさい。（10点）

板垣退助(いたがきたいすけ)を党首に自由党が，大隈重信(おおくましげのぶ)を党首に立憲改進党(りっけんかいしんとう)が結成された。

[　　]

社会 27

第一次世界大戦と戦後の世界

合格点 80点
得点 　点
解答 ➡ P.112

1 次の文章を読み，各問いに答えなさい。(12点×4)

a(　　)半島での紛争とからんでヨーロッパ強国間の緊張が続いていた1914年，セルビア人青年がおこしたオーストリア皇太子夫妻暗殺事件をきっかけにイギリス・フランスなどの連合国と，ドイツ・オーストリアなどの同盟国との間で，第一次世界大戦が始まった。日本は，日英同盟を理由に連合国側で参戦し，中国のb山東省(シャントン(さんとう))などを占領し，c中華民国政府に二十一か条の要求を突きつけた。大戦中，ロシアで革命がおこったが，連合国はこの革命をおさえようと軍隊による干渉を行い，日本もdシベリアに兵を送った。

(1) 下線部aの半島は，当時「ヨーロッパの火薬庫」といわれた。(　)に入る語句を答えなさい。　[　　　　]

(2) 当時，下線部bを租借していた国を答えなさい。　[　　　　]

(3) 辛亥革命を指導し，清を倒して下線部cを建国した右の人物はだれですか。　[　　　　]

(4) 下線部dに関連して，1918年に富山県を発端に広がった全国規模の事件を何といいますか。　[　　　　]

2 次の各問いに答えなさい。

(1) 1919年，朝鮮でおこった日本からの独立を要求する運動を何といいますか。
[　　　　] (16点)

〈全人口に占める有権者の割合〉

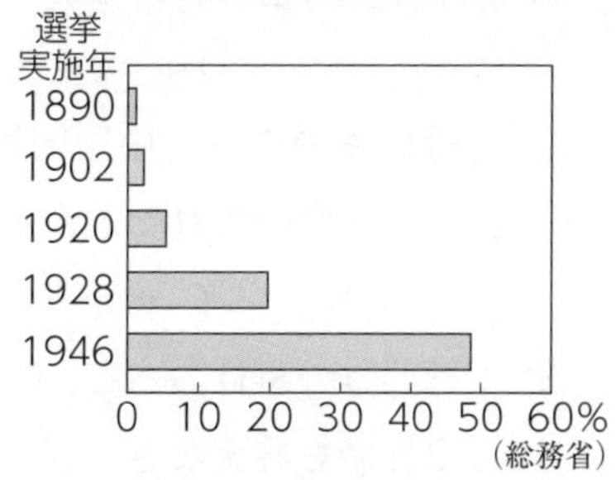

(2) 民本主義を唱えて普通選挙による政党政治の確立を目ざしたのはだれですか。
[　　　　] (16点)

(3) 右上のグラフで，1928年に有権者の割合が急増した理由を簡潔に書きなさい。
[　　　　　　　　　　] (20点)

世界恐慌と日本の中国侵略

合格点 80点
得　点　　点
解答 ➡ P.112

1 次の文章を読み，各問いに答えなさい。(15点×4)

1929年，世界経済の中心地であったアメリカ合衆国が株価の大暴落で不景気になり，その影響(えいきょう)が世界に及(およ)んでａ世界恐慌(きょうこう)になった。アメリカ合衆国はｂ公共事業をおこして失業者の救済をはかり，イギリスはｃ自国と植民地との貿易を強化し，関税を高くして他国の商品を締(し)め出す政策をとった。一方，イタリアやドイツはｄ独裁政治による軍事力の増強で国力を高めようとした。

⑴ 下線部ａのきっかけとなった，株価の大暴落がおこった都市名を答えなさい。　[　　　　]

⑵ 下線部ｂは，ルーズベルト大統領の何という政策の１つですか。　[　　　　]

⑶ 下線部ｃのような政策を何経済といいますか。　[　　　　]

⑷ 下線部ｄについて，反民主主義・反自由主義を掲(かか)げた，軍国主義的な独裁政治を何といいますか。　[　　　　]

イタリアはムッソリーニ，
ドイツはヒトラーが
中心となったよ。

2 右の年表を見て，各問いに答えなさい。(8点×5)

年	できごと
1931	ａ(①)事変
1933	日本が(②)から脱退する
1936	ｂ陸軍の青年将校の反乱
1937	ｃ北京(ペキン)郊外(こうがい)で日中両軍が衝突(しょうとつ)

⑴ (①)・(②)に入る語句をそれぞれ答えなさい。
①[　　　　]　②[　　　　]

⑵ 下線部ａのころ，中国国民党を率いていたのは，次のア～ウのだれですか。　[　　　　]

ア 毛沢東(マオツォトン／もうたくとう)　**イ** 蔣介石(チャンチエシー／しょうかいせき)　**ウ** 周恩来(チョウエンライ／しゅうおんらい)

⑶ 下線部ｂの事件のあと，軍部の力が強まった。この事件名を答えなさい。　[　　　　]

⑷ 下線部ｃは，日中戦争のきっかけとなった事件である。この事件名を答えなさい。　[　　　　]

社会

29 第二次世界大戦と日本

合格点 80点
得点　　点
解答 ➡ P.113

1 次の文章の空らんに適語を入れ，各問いに答えなさい。（10点×6）

ドイツは第二次世界大戦の契機となった，1939年の［①　　　　］侵攻から，２年あまりでヨーロッパの大部分を支配下におき，そして，多数のａユダヤ人を殺害した。日中戦争に行き詰まっていた日本は，ｂ1940年にドイツ・［②　　　　］と同盟を結び，翌年には［③　　　　］と中立条約を結んで北方の安全をはかると，資源を求めて東南アジアに進出した。こうした動きに対して，アメリカ合衆国・イギリス・オランダが日本を経済的に孤立させようとしたため，日本は［④　　　　］の真珠湾を奇襲した。

(1) 下線部ａについて，ナチスの迫害から逃れる日々を日記に記した，右のユダヤ人の少女はだれですか。

［　　　　］

(2) 下線部ｂの年，日本では政党が解散し，ある組織にまとめられた。この組織は何ですか。［　　　　］

2 次の各問いに答えなさい。（10点×4）

(1) 1941年にアメリカ合衆国・イギリスがファシズムに反対し，民主主義を守るために発表した憲章は何ですか。［　　　　］

(2) 日本で政府が議会の承認なしに物資や国民生活を統制できるようにした，1938年制定の法律は何ですか。［　　　　］

(3) 太平洋戦争の末期，大都市の子どもたちは空襲を避けて，右の写真のように地方へ集団で避難した。このことを何といいますか。

［　　　　］

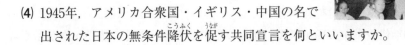

(4) 1945年，アメリカ合衆国・イギリス・中国の名で出された日本の無条件降伏を促す共同宣言を何といいますか。

［　　　　］

社会

30 現代の日本と世界

月　日

合格点 80点
得点　　点

解答 ➡ P.113

1 次の各問いに答えなさい。（10点×4）

(1) 戦後，日本の民主化の基本として施行(しこう)された日本国憲法の三大原則とは，国民主権と基本的人権の尊重ともう１つは何ですか。［　　　　］

(2) 戦後，政府が地主の土地を買い上げ，小作人に安く売った改革は何ですか。

［　　　　］

(3) 右の写真は，ある条約に当時の首相が調印しているところである。①この条約名を答え，②この条約に調印した当時の首相を，次から選びなさい。

①［　　　　　　　　］条約　②［　　　］

ア 佐藤栄作(さとうえいさく)　イ 田中角栄(たなかかくえい)

ウ 吉田茂(よしだしげる)　エ 岸信介(きしのぶすけ)

この条約で日本は独立を回復したよ。

2 次の文章の空らんに漢字で適語を入れ，各問いに答えなさい。（12点×5）

独立を回復した日本は，1956年にはａ国連にも加盟した。このころから日本は重化学工業が発達したが，ｂイタイイタイ病などの公害問題が発生した。ｃ1950年代半ばから日本経済は急成長を続けたが，1973年の中東戦争の影響(えいきょう)による［　　　　］危機でその成長が止まった。

(1) 下線部ａにもっとも関係の深いことがらは，次の**ア**～**エ**のどれですか。

ア 日中共同声明　イ 日米新安保条約　［　　　］

ウ 日ソ共同宣言　エ 日中平和友好条約

(2) 下線部ｂが発生した都道府県は，次の**ア**～**エ**のどれですか。［　　　］

ア 三重県　イ 新潟県　ウ 熊本県　エ 富山県

(3) 下線部ｃは何といわれますか。［　　　　］

(4) 1980年代後半から1990年代の初めの日本で，土地や株の値段が泡(あわ)がふくらむように急騰(きゅうとう)した現象を何といいますか。［　　　　］

現代社会の特色と文化

合格点 80点 得点 点

解答 ➡ P.113

1 次の各問いに答えなさい。(12点×4)

(1) 右の図は日本の品目別の食料自給率の推移を示している。

〈日本の品目別の食料自給率の推移〉

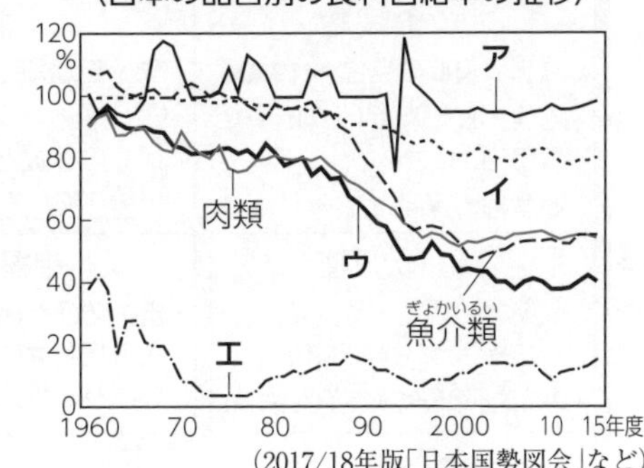

(2017/18年版「日本国勢図会」など)

① 図中の**ア**～**エ**は，米，野菜，果実，小麦の食料自給率の推移のいずれかである。米にあたるものを**ア**～**エ**から1つ選び，記号で答えなさい。 [ ]

② 食料自給率が低いと，日本ではどのようなことが考えられるか。次から1つ選びなさい。 [ ]

ア 食料品の輸出が多くなる。　**イ** 食料品の輸入が多くなる。

ウ 食料品の生産が多くなる。　**エ** 食料品の消費が多くなる。

(2) 各国が他国より有利に生産できるものを貿易によって交換し合うことを何といいますか。 [ ]

(3) 国際化が進むにつれて，さまざまな文化をもった人々がともに生活する社会を何といいますか。 [ ]

2 現代社会について，次の各問いに答えなさい。(13点×4)

(1) 情報社会において，あふれる情報の中から必要な情報を選び，正しく活用する力を何といいますか。 [ ]

(2) 子どもの人口が減り，65歳(さい)以上の人口が増える現象を何といいますか。 [ ]

(3) 物やサービス，お金，人などが簡単に国境を越えて地球規模で移動することを何といいますか。カタカナで答えなさい。 [ ]化

(4) 1990年以降に特に普及(ふきゅう)したものを，次から1つ選びなさい。 [ ]

ア テレビ　**イ** ラジオ　**ウ** インターネット　**エ** 自動車

社会 32

基本的人権と日本国憲法

合格点 80点

得点　　点

解答 ➡ P.113

1 次の図を見て，あてはまる語句を答えなさい。(10点×6)

(①)権	(③)権	(④)権
・思想・良心の自由(第19条) ・居住・移転及び(②)の自由(第22条) ・財産権の保障(第29条)	・すべての国民は法の下に平等(第14条) ・個人の尊厳と両性の本質的平等(第24条)	・生存権(第25条) ・教育を受ける権利(第26条) ・勤労の権利(第27条)
(⑤)権 ・公務員の選定・罷免権，選挙権(第15・44・93条) ・憲法改正の国民投票権(第96条)	幸福追求権 ・自由及び幸福追求に対する国民の権利は(⑥)に反しない限り，最大に尊重される。	請求権 ・請願権(第16条) ・裁判を受ける権利(第32・37条) ・国家賠償請求権(第17条)
知る権利 ・政治の動きを監視し，生活を守るために，情報を得る権利	プライバシーの権利 ・個人の私的な生活や情報を，他人の干渉から守る権利	自己決定権 ・尊厳死や，病気に対する治療法の選択などを決める権利

①[　　　]権　②[　　　]　③[　　　]権　④[　　　]権
⑤[　　　]権　⑥[　　　]

基本的人権は生きるために必要な権利だよ。

2 次の各問いに答えなさい。(10点×4)

(1) 高齢者や障害のある人も普通に生活していけるようにすることをめざす考えかたを何とよぶか答えなさい。[　　　]

(2) 日本国憲法が保障している自由権には，3つの種類がある。精神の自由，身体の自由とあと1つは何か。次から1つ選びなさい。[　　]

ア 宗教活動の自由　イ 表現活動の自由
ウ 政治活動の自由　エ 経済活動の自由

(3) 基本的人権を保障するために，日本国憲法が国民の権利として定めているものを，次から2つ選びなさい。[　　][　　]

ア 参政権　イ 違憲立法審査権
ウ 国政調査権　エ 裁判を受ける権利

社会

33 国民主権と国会

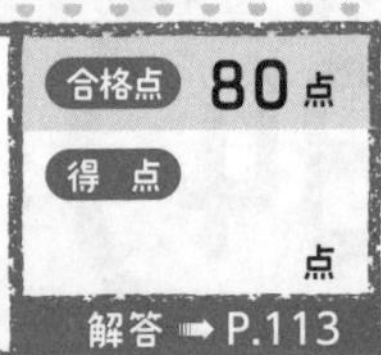

1 次の日本国憲法の条文について，あとの問いに答えなさい。（8点×5）

A　国会は，国権の（　①　）機関であって，国の唯一（ゆいいつ）の（　②　）機関である。

B　国会は，（　③　）及（およ）び参議院の両議院でこれを構成する。

(1) 条文中の（ ① ）～（ ③ ）にあてはまる語句をそれぞれ答えなさい。

①[　　　] ②[　　　] ③[　　　]

(2) Aの条文について，毎年1回，1月中に召集（しょうしゅう）される国会を何といいますか。

[　　　]

(3) Bの条文で示されている制度を何といいますか。[　　　]

2 右の法律案の審議（しんぎ）過程の図を見て，図中の①～④にあてはまる語句を，あとのア～エから選びなさい。（7点×4）

①[　　　] ②[　　　]
③[　　　] ④[　　　]

ア 内閣　イ 天皇
ウ 本会議　エ 委員会

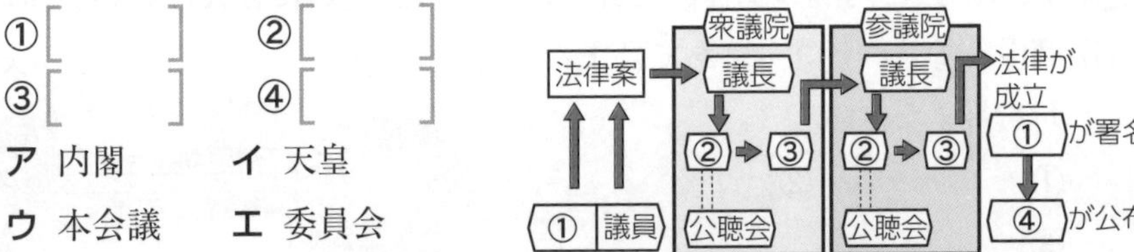

※法律の審議は参議院が先の場合がある

3 衆議院の優越について，空らん①～③にあてはまる語句を答え，④にあてはまる数字を答えなさい。（8点×4）

①[　　　] ②[　　　] ③[　　　] ④[　　　]

法律案	参議院で衆議院と異なる議決をした場合	衆議院で出席議員の$\frac{2}{3}$以上の多数決で再議決すれば成立
（ ① ）の審議	（ ① ）は衆議院が先に審議する	
条約の承認	衆議院で可決した議案を受け取った後，（ ④ ）日以内に参議院が議決しない場合	衆議院の議決が国会の議決になる
（ ② ）の指名	衆議院の指名後10日以内に参議院が議決しない場合	
（ ③ ）の決議	この決議ができるのは，衆議院だけである	

行政のはたらきと内閣

合格点 80点
得点　　点
解答 ➡ P.114

1 次の文章を読み，あとの各問いに答えなさい。(9点×4)

実際に国の政治を行うことを(　①　)といい，その最高の責任をもつ機関は，(　②　)である。a(　②　)の長(ちょう)は国会議員の中から国会で指名され，b(　②　)は(　①　)権の行使について，国会に連帯して責任を負うことになる。

(1) (　①　)・(　②　)にあてはまる語句を答えなさい。

①[　　　　] ②[　　　　]

(2) 下線部aを何とよびますか。 [　　　　]

(3) 下線部bの制度を何とよびますか。 [　　　　]

2 次の国会と内閣の関係図を見て，あとの各問いに答えなさい。(8点×8)

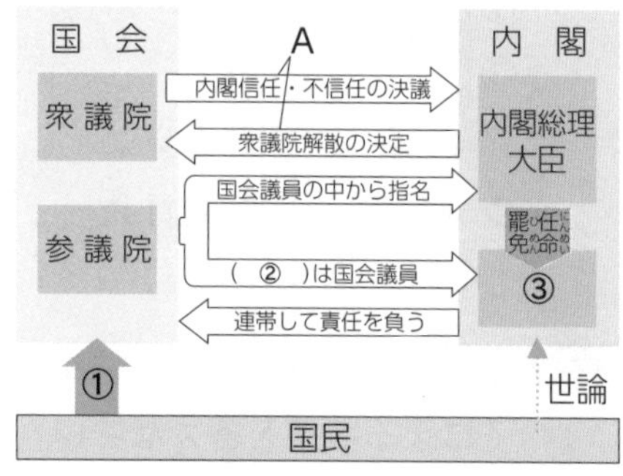

(1) 図中(　①　)～(　③　)にあてはまる語句を答えなさい。

①[　　　　] ②[　　　　]
③[　　　　]

(2) 図中Aで示された内閣と衆議院の関係について，次の文の(　①　)～(　③　)にあてはまる語句・数字を答えなさい。

衆議院が内閣不信任案を可決したときは，内閣が(　①　)日以内に衆議院を(　②　)しない限り，内閣は(　③　)をしなければならない。

①[　　　　] ②[　　　　] ③[　　　　]

(3) 内閣のしごとにあたるものを，次の**ア**～**エ**より2つ選びなさい。

[　　　　][　　　　]

ア 国会を召集(しょうしゅう)すること　**イ** 外交関係を処理すること
ウ 総選挙の公示をすること　**エ** 予算を作成し国会に提出すること

社会

35 裁判所のはたらきと三権分立

合格点 80点
得点 点
解答 ➡ P.114

1 わが国の司法権について，次の各問いに答えなさい。(6点×6)

(1) 裁判所が，行政機関や立法機関から干渉(かんしょう)を受けないことを何といいますか。
[ ]

(2) 裁判官の弾劾(だんがい)裁判にあてはまる矢印は，右の図のア～ウのどれですか。 [ ]

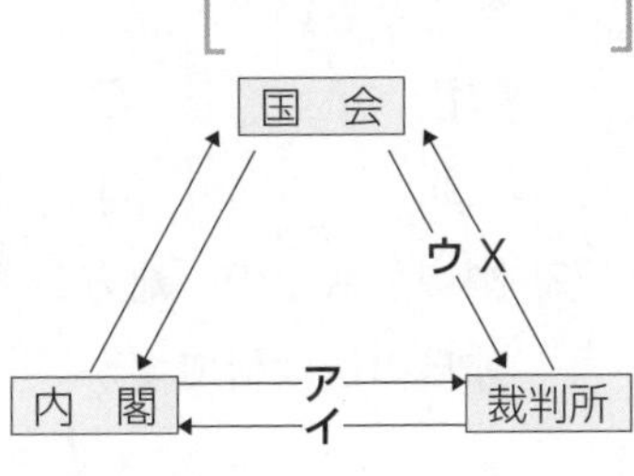

(3) 最高裁判所が「憲法の番人」といわれるのは，国会に対して右の図のXの権限を最終的に行使する機関だからである。この権限を何といいますか。 [ ]

(4) 最高裁判所の裁判官を国民の投票で適任か否(いな)かを判断する制度を何といいますか。 [ ]

(5) 私人間(しじんかん)の争いを裁く裁判を何といいますか。 [ ]

(6) 刑事裁判の第一審で，国民から選出された人が裁判官と裁判を行うという，2009年5月から導入された制度を何といいますか。 [ ]

2 次の刑事裁判のしくみの図を見て，あとの各問いに答えなさい。

(1) 図中の①，②にあてはまる語句を答えなさい。
①[ ] ②[ ] (7点×2)

(2) 図中の③，④にあてはまる語句を，次から選びなさい。(7点×2) ③[ ] ④[ ]
ア 上告(じょうこく)　イ 控訴(こうそ)　ウ 再審(さいしん)　エ 求刑

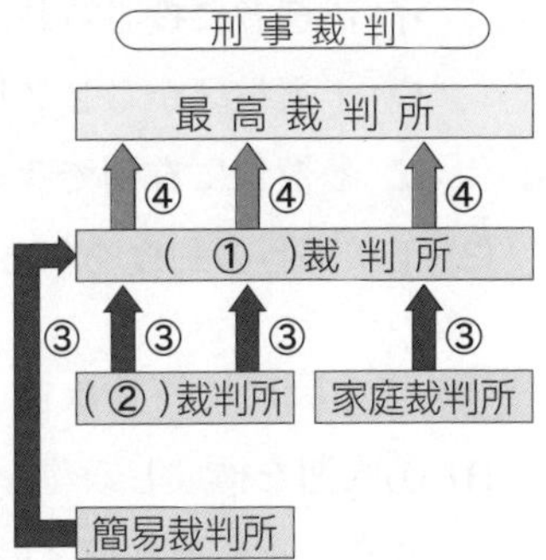

(3) 最高裁判所以外の裁判所をまとめて何といいますか。(12点) [ ]

(4) 図のように，一つの事件について三回まで裁判を受けることができる制度を何とよびますか。(12点) [ ]

(5) 刑事裁判で裁判所に起訴する人はだれですか。(12点) [ ]

社会

36 地方自治，選挙，政党

合格点 80点
得点 　点
解答 ➡ P.114

1 次の地方自治のしくみの図を見て，あとの問いに答えなさい。(8点×5)

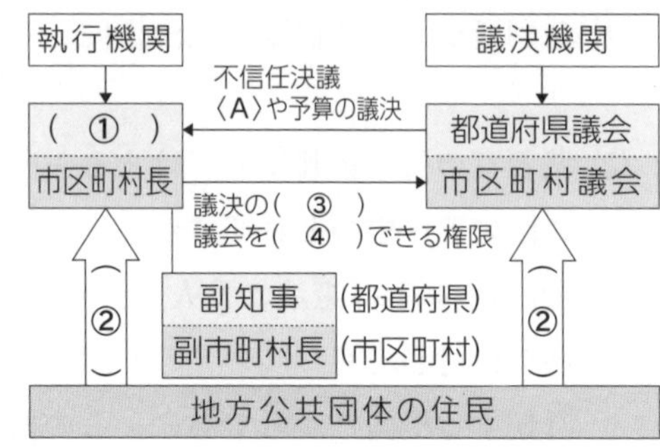

(1) 図中①～④にあてはまる語句を答えなさい。

①[　　　] ②[　　　]
③[　　　] ④[　　　]

(2) 図中〈 A 〉の，地方公共団体の独自の法は何ですか。

[　　　]

2 次の文章を読み，あとの問いに答えなさい。(8点×3)

わが国では，普通(ふつう)選挙，平等選挙，秘密選挙，(　　　　)選挙の4つが選挙の原則となっている。選挙制度は法律により決められており，a小選挙区制やb政党に投票された票数で議席を割りふる制度などがある。

(1) 文章中の空らんにあてはまる語句を答えなさい。 [　　　]

(2) 下線部aの選挙制度について述べたものを，次から1つ選びなさい。

[　　　]

ア 小さな政党でも代表者を送り出せる。
イ 落選者に投じられた票が少なくなる。
ウ 1選挙区から2名以上を選出する。
エ 多数党に有利で政局は安定する。

落選者に投じられた票を死票というよ。

(3) 下線部bの制度を何といいますか。 [　　　]

3 次の問いに答えなさい。(12点×3)

(1) ①内閣を構成し政権を担当する政党，②政権を担当せず内閣を監視(かんし)する政党を，それぞれ何というか答えなさい。 ①[　　　] ②[　　　]

(2) 総選挙で発表されるマニフェストとは何ですか。漢字4字で答えなさい。

[　　　]

社会

37 消費生活と価格のはたらき

合格点 80点
得点　　点
解答 ➡ P.114

1 次の文章を読み，あとの各問いに答えなさい。(9点×4)

家族や個人の消費を中心とする経済活動を（　①　）とよび，（　①　）に入る収入を所得とよぶ。（　①　）の支出はすべて消費されるのではなく，将来に備えて銀行への預金などの（　②　）にまわされる。

(1) 文中の空らんに入る語句を答えなさい。　①[　　　]　②[　　　]

(2) 下線部について，次の①，②の所得を何とよぶか答えなさい。

① 会社などで働いて得る給料などによる所得。　[　　　]

② 農家や自営業者が得る所得。　[　　　]

2 消費生活について，次の各問いに答えなさい。(12点×2)

(1) 訪問販売などで商品を購入(こうにゅう)した場合，8日以内ならば消費者が無条件に契約(けいやく)を解除できる制度を何といいますか。　[　　　]

(2) 製品の欠陥(けっかん)により消費者が被害(ひがい)を受けたとき，企業(きぎょう)に過失がなくても被害者の救済を義務づけた法律は何ですか。　[　　　]

3 次のグラフを見て，あとの文章の空らんにあてはまる語句を，あとのア～クから選びなさい。(8点×5)

①[　　]　②[　　]　③[　　]　④[　　]　⑤[　　]

9月から5月のようにレンコンの入荷量が（　①　）ときは，価格は（　②　）。6月から8月は，その逆になる。このように，売り手の（　③　）量と，買い手の（　④　）量の関係によって決まる価格を，（　⑤　）価格という。

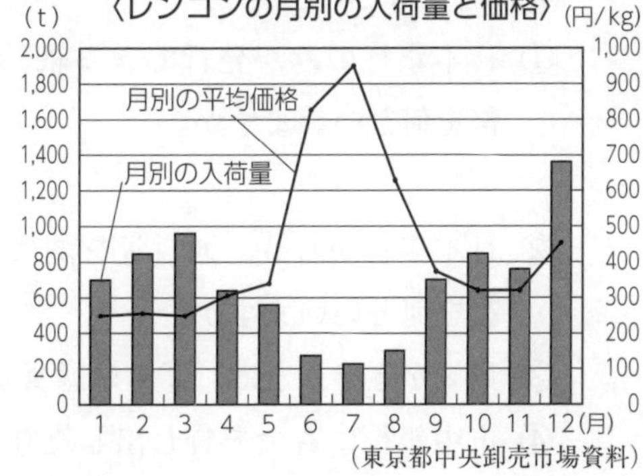

(東京都中央卸売市場資料)

ア 市場　**イ** 独占
ウ 供給　**エ** 需要　**オ** 多い　**カ** 少ない　**キ** 安い　**ク** 高い

社会

38 生産のしくみと金融のはたらき

合格点 80点
得点　　点
解答 ➡ P.114

1 株式会社について，次の各問いに答えなさい。（10点×4）

(1) 株式会社の出資者を何といいますか。 [　　　]

(2) 株式会社が利潤（りじゅん）の一部から出資者に分配するものは何ですか。 [　　　]

(3) 株式会社の経営方針などを決める最高機関を何といいますか。 [　　　]

(4) 株式の売買を行う施設（しせつ）を何といいますか。 [　　　]

(4)の施設は東京，名古屋，札幌，福岡にあるよ。

2 次の図を見て，あとの問いに答えなさい。（10点×6）

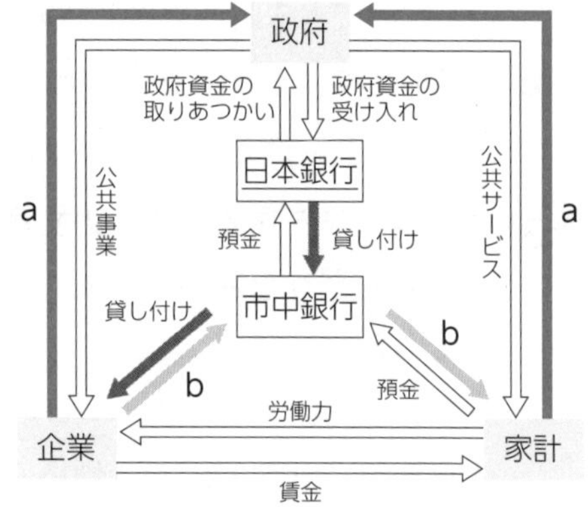

(1) 図中a・bにあてはまる語句を，下のア～エから選びなさい。

a [　　] b [　　]

ア 代金　　イ 税金
ウ 金融（きんゆう）　　エ 利子

(2) 図中の日本銀行について，次の問いに答えなさい。

① 日本銀行のみが発行できる紙幣（しへい）を何といいますか。 [　　　]

② 日本銀行が行う，通貨量を調節して景気や物価の安定をはかる経済政策を何といいますか。 [　　　]

③ 景気が悪いときは，②では通貨量をどうしますか。 [　　　]

④ 市中銀行に資金を貸し出したり，預かったりすることから，日本銀行は何とよばれていますか。 [　　　]

社会 39

財政のはたらきと景気の変動

合格点 80点
得点　　点
解答 ➡ P.114

1 次の文章を読み，あとの問いに答えなさい。(12点×4)

景気とは，生産・消費などの経済活動がa活発に動いているか，それともb停滞しているかということである。この動きは交互に繰り返し，活発に動いているときは，c物価が上昇する傾向にあり，停滞しているときはd物価が下落する傾向にある。

(1) 下線部aの経済の状態を何といいますか。［　　　］
(2) 下線部bの経済の状態を何といいますか。［　　　］
(3) 下線部cの状態を何とよびますか。［　　　］
(4) 下線部dの状態を何とよびますか。［　　　］

物価が下落すると
貨幣価値が上がり，
商品が売れなくなるよ。

2 次の文章を読み，あとの問いに答えなさい。

a国や地方公共団体が収入を得て，それを支出する活動を(　①　)という。民間では供給されにくい道路や公園などの(　②　)の充実や社会保障などの(　③　)を提供したり，失業者や高齢者の生活の安定をはかったり，b景気対策に用いたり，国民の生活や福祉の向上をめざして支出されている。

(1) (①)～(③)にあてはまる語句をそれぞれ答えなさい。(8点×3)
①［　　　］　②［　　　］　③［　　　］
(2) 下線部aのおもな財源は何ですか。(10点)［　　　］
(3) 下線部bについて，次の文の空らんに適語を入れ，〔　〕の中から正しいものを選び，記号を○で囲みなさい。(6点×3)
下線部bで，国が収入と支出を操作することで景気の調整をはかる経済政策を［　　　］といい，一般に景気が活発なときは，〔ア 増税　イ 減税〕を行い，公共事業の支出を〔ア 増やす　イ 減らす〕政策がとられる。

月　日

国民生活と福祉

合格点 80点
得点　　点
解答 ➡ P.115

1 次の文を読み，あとの問いに答えなさい。

わが国の社会保障制度はａ憲法第25条で認められている生存権に基づき整備され，ｂ４つの大きな柱から成り立っている。

⑴ 下線部ａについて，次の文は，憲法第25条の条文の一部である。空らんにあてはまる語句を，①は漢字２字で，②は漢字４字で答えなさい。(15点×2)

すべて国民は，健康で［①　　　］的な［②　　　］の生活を営む権利を有する。

⑵ 下線部ｂについて，次の①～④の社会保障制度の種類を，あとの**ア**～**エ**から選びなさい。(10点×4)

① 生活に困っている人に生活費や教育費などを支給する。［　　］

② 高齢者(こうれい)などのためにさまざまな施設(しせつ)の整備やサービスの提供を行い，生活を支援(しえん)・保障する。［　　］

③ 掛(か)け金を積み立てておき，必要になったときに給付を受ける。［　　］

④ 感染症(かんせんしょう)を予防したり，病院や上・下水道の整備を行ったりする。［　　］

ア 公衆衛生　**イ** 社会保険　**ウ** 社会福祉(ふくし)　**エ** 公的扶助

2 次の問いに答えなさい。(10点×3)

⑴ ①おもに老後の生活を保障するため，一定の年齢に達したときに給付を受ける保険と，②失業したときに，一定の期間に限り保険金を給付する保険を，次の**ア**～**エ**からそれぞれ選びなさい。①［　　］②［　　］

ア 労災保険　**イ** 健康保険　**ウ** 年金保険　**エ** 雇用(こよう)保険

⑵ 40歳(さい)以上の国民が保険料を支払い，在宅サービスなどの費用の一部を負担する保険制度が2000年4月から導入された。この制度を何といいますか。

［　　　　　］

国際社会と国際連合

合格点 80点
得点　　点
解答 ➡ P.115

1 次の図を見て，あとの問いに答えなさい。（12点×3）

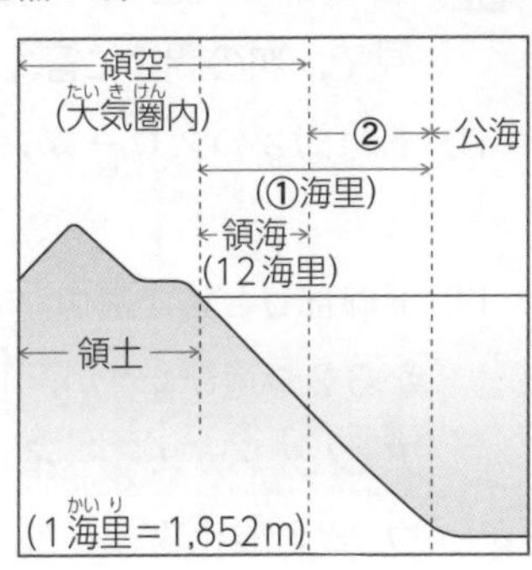

⑴ 図中の①にあてはまる数字を，次の**ア**～**エ**から1つ選びなさい。［　　］

ア 50　**イ** 100　**ウ** 150　**エ** 200

⑵ 図中の②で示された部分を，何水域といいますか。［　　］水域

⑶ 国家を構成する三要素とは，領土・国民とあと1つは何ですか。［　　］

2 国際連合や国際社会について，次の各問いに答えなさい。（8点×8）

⑴ 国際連合の全加盟国で構成される主要機関は何ですか。［　　］

⑵ 国際平和と安全の維持に重要な役割を果たす国際連合の機関は何ですか。［　　］

⑶ ⑵の常任理事国がもっている特別な権利は何ですか。［　　］

⑷ 経済・社会・文化の向上をはかることを目的とする国際連合の機関は何ですか。［　　］

⑸ ⑷の機関に属する，次の文にあてはまる専門機関をあとの**ア**～**オ**から選びなさい。

① 教育の普及，文化遺産の保護，国際平和への貢献を目的とする。［　　］

② 人々の健康水準の向上をはかる。［　　］

③ 労働者の地位向上や労働条件の改善をはかる。［　　］

ア ILO　**イ** IMF　**ウ** FAO　**エ** UNESCO　**オ** WHO

⑹ 紛争を防いだり，平和を維持したりする国際連合の活動をアルファベットで何といいますか。次の**ア**～**エ**から選びなさい。［　　］

ア PKO　**イ** NGO　**ウ** ODA　**エ** GDP

世界の諸問題

合格点 80点
得点 点
解答 ➡ P.115

1 右の環境問題に関する国際会議の年表を見て，次の問いに答えなさい。(10点×7)

1972	・a国連人間環境会議 ・国連環境計画(UNEP)発足
1982	・国連環境計画管理理事会特別会合(ナイロビ)
1985	・b酸性雨原因物質削減を定めたヘルシンキ議定書締結
1987	・cフロンなどの生産を削減するモントリオール議定書採択
1989	・有害廃棄物の越境移動及びその処分の規制に関するバーゼル条約採択
1992	・d環境と開発に関する国連会議(X)，環境と開発に関するリオ宣言，アジェンダ21採択
1997	・地球温暖化防止(e)会議
2002	・持続可能な開発に関する世界首脳会議(ヨハネスバーグ)
2008	・北海道洞爺湖サミット
2012	・国連持続可能な開発会議(リオ+20)(X)

(1) 下線部aのスローガンを答えなさい。
[　　　　]地球

(2) 下線部bとして適切なものを，次のア～エから2つ選びなさい。[　　][　　]
ア メタンガス　**イ** 硫黄酸化物
ウ 窒素酸化物　**エ** 二酸化炭素

(3) 下線部cは，どのような環境破壊をおこしますか。[　　　　]

(4) 下線部dの会議の別称を答えなさい。
[　　　　]

(5) (e)にあてはまる都市を，次のア～エから1つ選びなさい。[　　]
ア 大阪　**イ** 京都
ウ 奈良　**エ** 神戸

(6) (X)に共通してあてはまる都市名を答えなさい。[　　　　]

2 次の各問いに答えなさい。(10点×3)

(1) 発展途上国と先進国の経済格差問題を何とよびますか。[　　　　]

(2) (1)の問題を解消するために，先進国の政府が発展途上国に対して行っている援助を何といいますか。[　　　　]

(3) 政府を通すことなく，平和・人権・環境などの各分野で国際的な活動を行っている民間団体をまとめて何とよびますか。[　　　　]

中1・中2の物理・化学

合格点 80点
得点　　点
解答 ➡ P.115

1 右の図のように，光を空気中から半円ガラスの中心にあてた。これについて，次の問いに答えなさい。（15点×3）

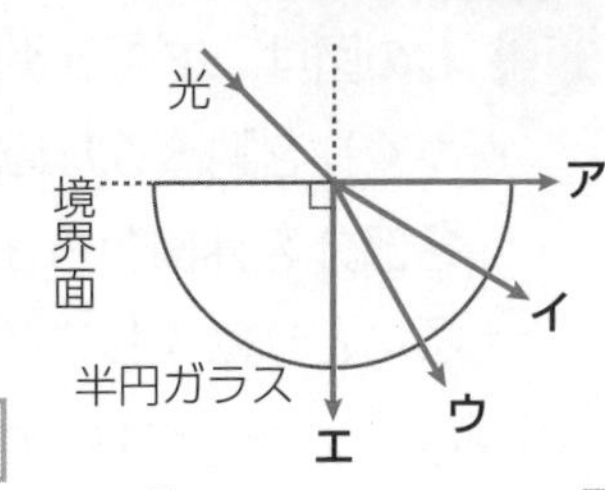

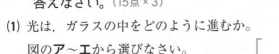

(1) 光は，ガラスの中をどのように進むか。図の**ア**～**エ**から選びなさい。［　　］

(2) (1)のように光が進む現象を何といいますか。［　　］

(3) 図の入射光の一部は，境界面で反射する。その反射光を矢印で図に描き入れなさい。

入射角と反射角の
大きさは等しくなるよ。

2 右の図のように炭酸水素ナトリウムを乾いた試験管Aに入れて加熱し，ガラス管の先から出てきた気体を試験管Bに集めた。気体が出なくなった後，ガラス管を水の中から出し，加熱をやめた。試験管Aを観察すると，口の内側に液体が見られ，底に白い固体が残っていた。これについて，次の問いに答えなさい。

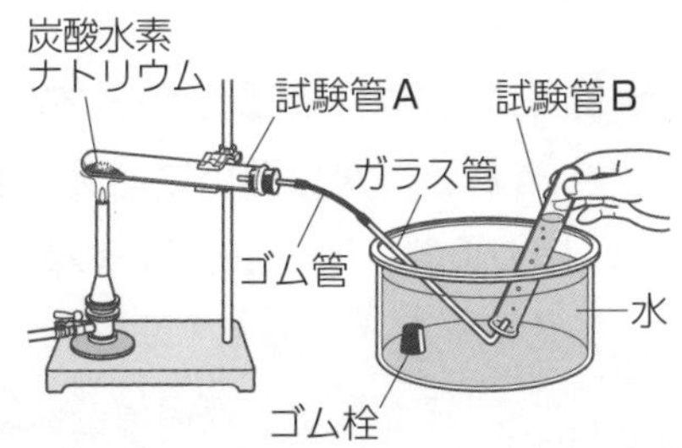

(1) 試験管Aの口を底より少し下げて加熱する理由を説明しなさい。（15点）
［　　］

(2) 試験管Bに気体を集める図の方法を何といいますか。（10点）
［　　］

(3) 試験管Bに集めた気体は，石灰水を白く濁らせる性質がある。この気体を化学式で書きなさい。（10点）［　　］

(4) 試験管Aの口の内側の液体の名称を書きなさい。（10点）［　　］

(5) 試験管Aの底に残った白い物質の名称を書きなさい。（10点）
［　　］〔岐阜一改〕

中1・中2の生物・地学

合格点 80点
得点　　点
解答 ➡ P.115

1 右の図は，アブラナの花のつくりを調べるため，花の各部分を外側からa～dの順にとりはずして並べたものである。次の問いに答えなさい。

a　b　c　d

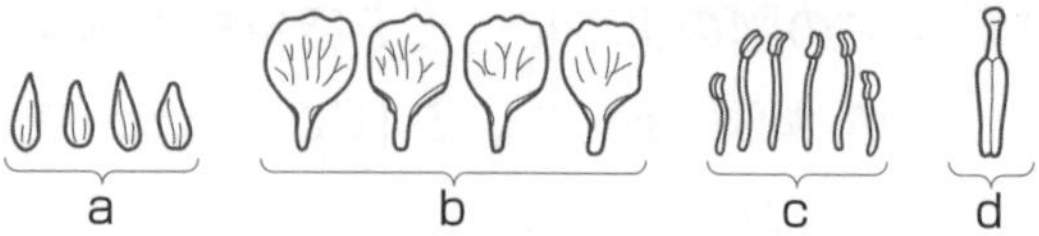

(1) めしべ，おしべは，a～dのどれですか。(10点×2)

めしべ[　　]　おしべ[　　]

(2) bのつき方で，アブラナと同じなかまに入る植物を次の**ア**～**オ**からすべて選びなさい。(15点)　[　　]

ア アサガオ　**イ** エンドウ　**ウ** サクラ　**エ** タンポポ　**オ** ツツジ

2 右の図は，ある日の日本付近の天気図である。次の問いに答えなさい。

高　高　A　X　Y　B　C

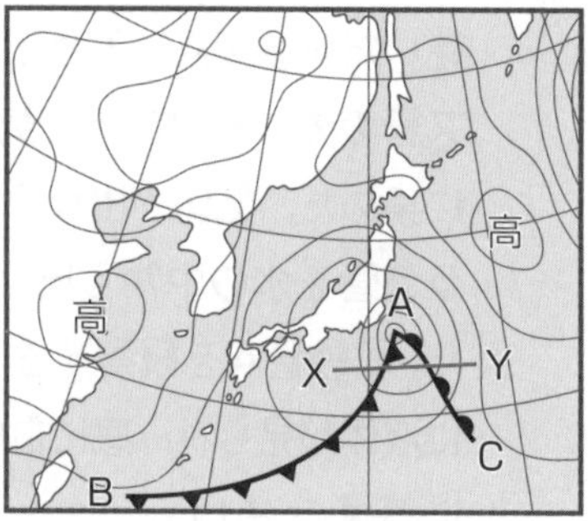

(1) 図の前線AB，前線ACの名称(めいしょう)をそれぞれ書きなさい。(15点×2)

AB[　　]
AC[　　]

(2) 図のXY間において，前線付近の断面を模式的に表しているのは，下の**ア**～**エ**のどれか。記号で書きなさい。(15点)

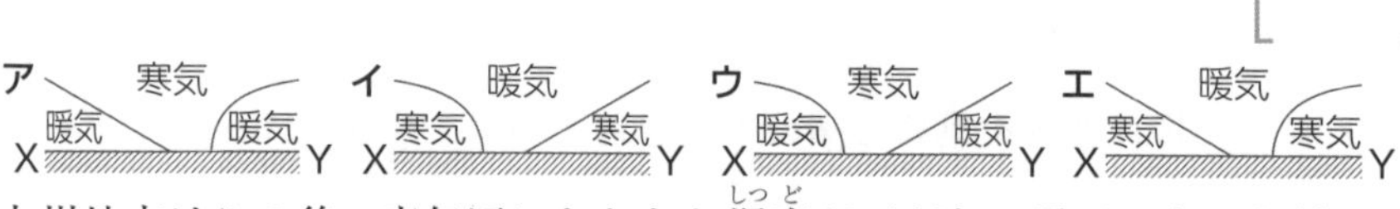

[　　]

ア 寒気　暖気　暖気　X　Y
イ 暖気　寒気　寒気　X　Y
ウ 寒気　暖気　暖気　X　Y
エ 暖気　寒気　寒気　X　Y

(3) 九州地方はこの後，高気圧におおわれ湿度(しつど)が下がり，雲はほとんど見られなくなった。湿度が下がった理由を次の**ア**～**エ**から選びなさい。(20点)

ア 上昇(じょうしょう)気流で空気が膨張(ぼうちょう)し，気温が上がるから。
イ 上昇気流で空気が膨張し，気温が下がるから。
ウ 下降気流で空気が圧縮され，気温が上がるから。
エ 下降気流で空気が圧縮され，気温が下がるから。　[　　]〔鹿児島－改〕

水圧と浮力

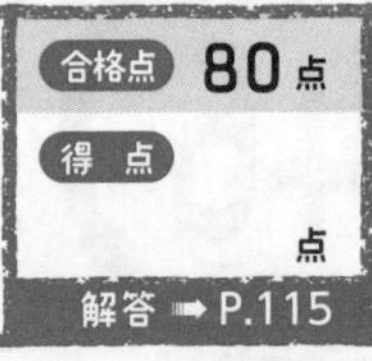

1 図のように，質量200gの物体を全部水中に沈める(しず)と，ばねばかりの目盛りは1.2Nを示した。これについて，次の問いに答えなさい。ただし，質量100gの物体にはたらく重力の大きさを1Nとする。

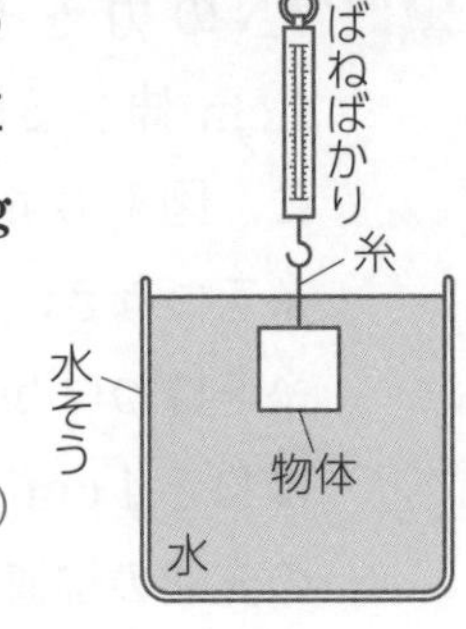

(1) この物体にはたらく重力の大きさは，何Nですか。

[　　　　　]（10点）

(2) 水中の物体にはたらく上向きの力を何といいますか。

[　　　　　]（10点）

(3) この物体にはたらく**(2)**の力の大きさは，何Nですか。（20点）

[　　　　　]

(4) この物体を，図のときよりも深く沈めると，**(2)**の力の大きさは，**(3)**のときの大きさと比べてどうなりますか。（20点）

[　　　　　]

(5) この物体の一部を水の上に出したとき，**(2)**の力の大きさは，**(3)**のときの大きさと比べてどうなりますか。（20点）

[　　　　　]

(6) この物体を完全に水中に沈めたとき，物体にはたらく水圧を矢印で正しく表しているものを，次の**ア**～**エ**から選びなさい。ただし，矢印の長さと向きは，物体にはたらく水圧の大きさと向きを表すものとする。（20点）

[　　　　　]

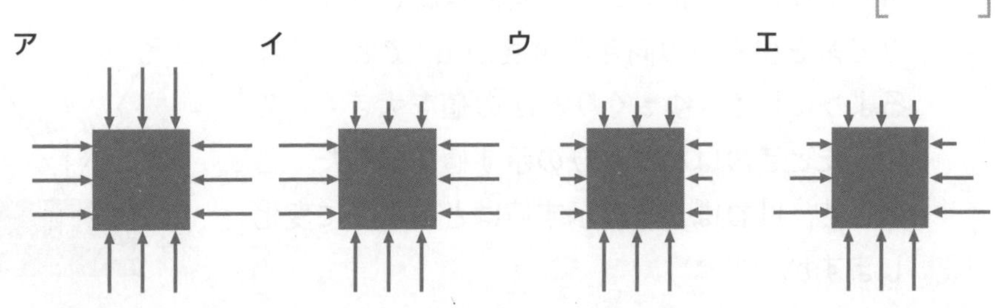

月　日

力の合成・分解

合格点 80点
得点　　点

解答 ➡ P.116

1 2Nの力を加えると，4 cm 伸びるばねの先端（せんたん）に，図1のように2本の糸をつなぎ，それぞれの糸をばねばかりで引いてばねを4 cm 伸ばし，その先端の位置に印をつけ，点Oとした。このとき，糸にそって線分OX，OYを引き，ばねにはたらく2力をOX，OY上に矢印で表したら，図2のようになった。次の問いに答えなさい。（20点×2）

図1

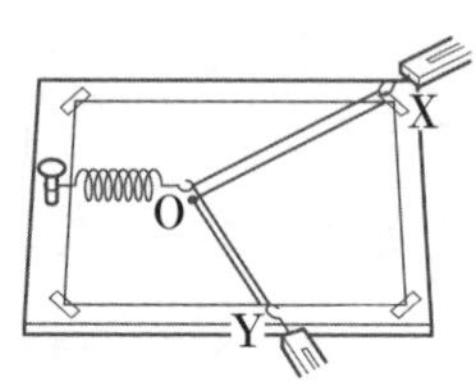

図2

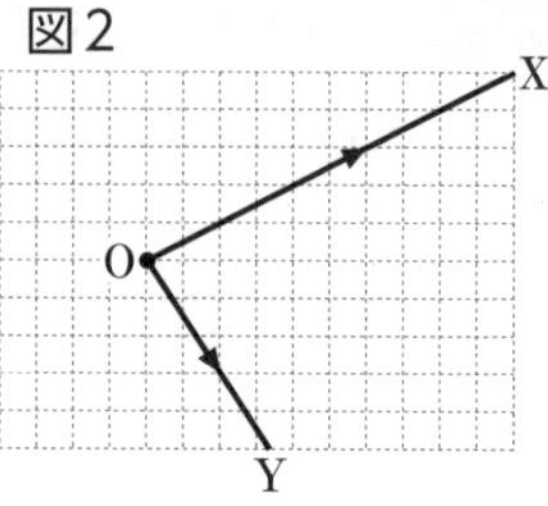

(1) 2力の合力を表す矢印を，図2に描（か）き入れなさい。

(2) 図2の1目盛りは何Nにあたりますか。　［　　　　］〔山口－改〕

2 右の図は，点Oにはたらく力Fを示したものである。次の問いに答えなさい。（20点×2）

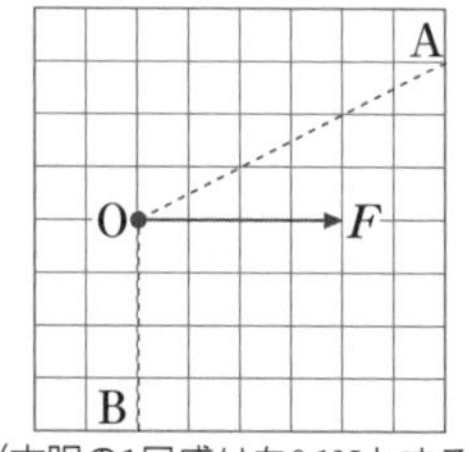

（方眼の1目盛りを0.1Nとする）

(1) 力Fを，Aの方向とBの方向の2つの力に分解して，右の図に描き入れなさい。

(2) Bの方向に分けて求めた力の大きさは，何Nですか。　［　　　　］

3 2本のばねばかりを用いて，図のように物体を持ち上げた。物体の上面に垂直な線とばねばかりで糸を引く力の向きの角度がa°で等しくなるようにして，ゆっくりとaの値（あたい）を大きくしていったときのばねばかりの示す値を調べた。このとき，ばねばかりの示す値はどのように変化しますか。（20点）　［　　　　］

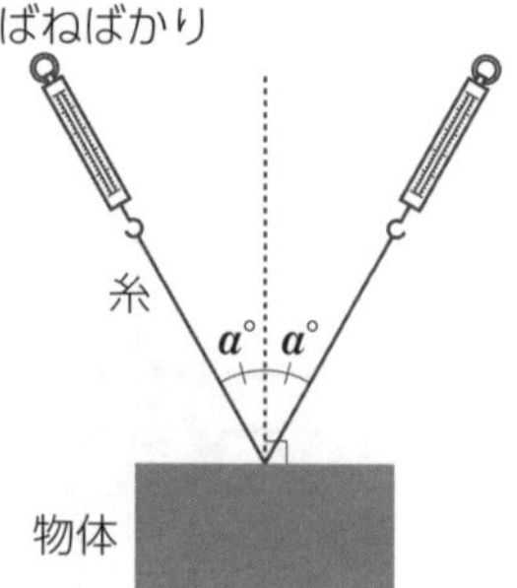

運動のようすとその表し方

合格点 80点
得点　　点
解答 ➡ P.116

1 $\frac{1}{50}$ 秒ごとに打点する記録タイマーを使って，テープを手で引いたときの打点間隔(かんかく)のようすを調べた。下のテープA～Cは，どのような速さでテープを引いたときのものか。適切なものをそれぞれ**ア～ウ**から選びなさい。

A[　　] B[　　] C[　　] (10点×3)

始めの打点

テープA

テープB

テープC

ア だんだんはやく引く。　**イ** 一定の速さで，はやく引く。

ウ 一定の速さで，ゆっくり引く。

2 右の図は，1 秒間に 50 打点する記録タイマーで，ある物体の運動を記録したテープを 5 打点ごとに区切ったものである。次の問いに答えなさい。(15点×3)

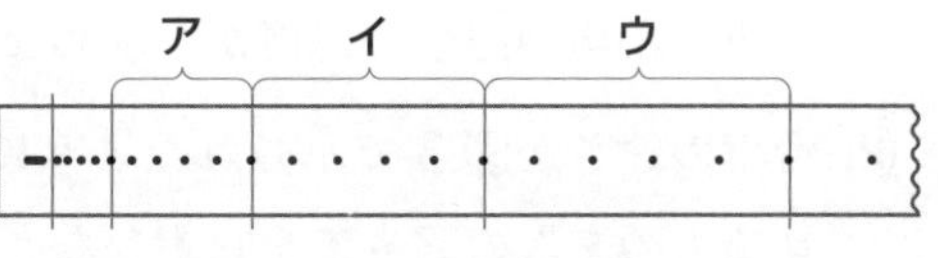

(1) このテープは何秒ごとに打点しますか。　[　　]

(2) このテープの打点間隔から，物体の一定時間ごとの何がわかりますか。　[　　]

(3) 図から，物体の速さが最もはやかったときのテープを**ア～ウ**から選びなさい。　[　　]

3 自動車が 350 km の距離(きょり)を 7 時間で走った。次の問いに答えなさい。

(1) この自動車が一定の速さで走ったと考えれば，その速さは何 km/h ですか。(15点) [　　]

(2) (1)で求めた速さを何といいますか。(10点) [　　]

物体の運動

1 図1のように，斜面をくだる台車の運動のようすを記録タイマーで記録した。紙テープを5打点ごとに区切り，各区間を図2のように区間A，B，C，D，E，Fとした。図3は，紙テープの各区間を切り離して左から順に並べ，それぞれの長さを比べたものである。ただし，記録タイマーは，1秒間に50打点を打ち，紙テープと記録タイマーとの摩擦，テープの質量，空気の抵抗は無視できるものとする。次の問いに答えなさい。

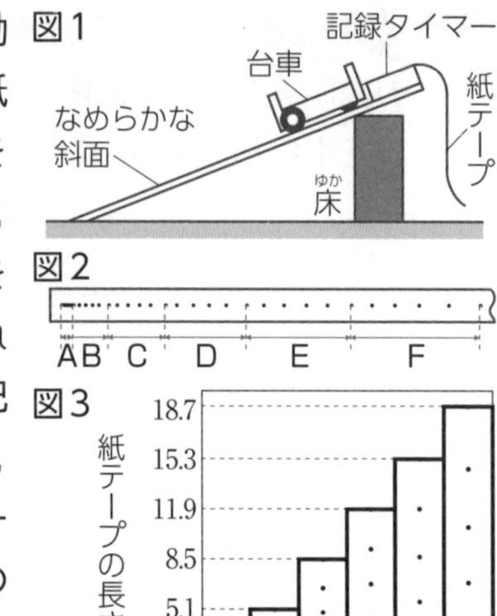

(1) 区間Eの台車の平均の速さは，区間Aの台車の平均の速さの何倍か，求めなさい。(30点)　［　　　］

(2) 台車の速さが図3で示されたように時間とともに増加する理由として，適切なものを次の**ア**～**エ**から選びなさい。(30点)　［　　　］

ア 斜面にそった力が，同じ大きさで，運動の向きにはたらき続けるため。

イ 斜面にそった力が，運動の向きと反対の向きにはたらき続けるため。

ウ 斜面にそった力が，まったくはたらいていないため。

エ 斜面にそった力が，斜面の角度によって変化するため。

(3) この台車が斜面をくだり始めてからの，時間と距離の関係を表すグラフを，下の**ア**～**エ**から選びなさい。(40点)　［　　　］

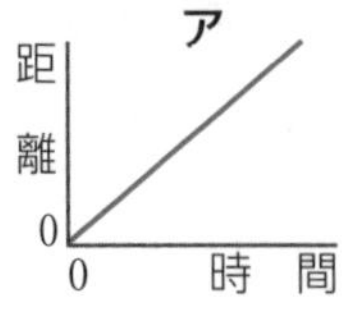

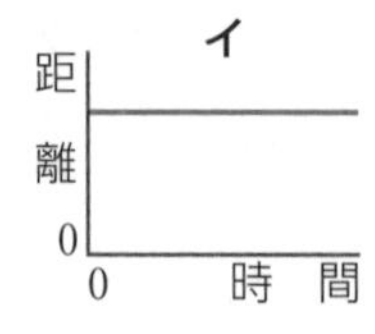

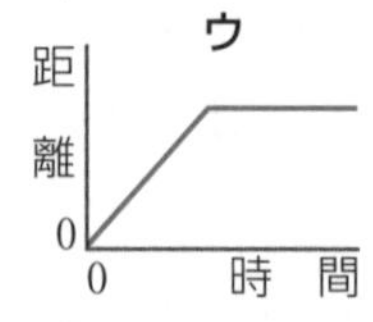

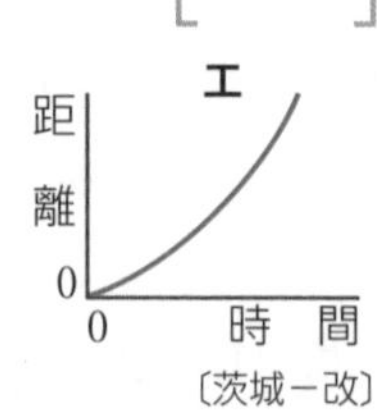

〔茨城－改〕

理科

49 仕事と仕事率

合格点 80点
得点　　点
解答 ➡ P.116

1 水平な床(ゆか)の上に置いた物体にばねばかりをつけ，手で床に平行にゆっくりと一定の速さで4 m 引いた。このとき，ばねばかりは6 N を示していた。次の問いに答えなさい。（15点 × 2）

(1) このとき，物体と床の間にはたらく摩擦(まさつ)力は何 N ですか。［　　］

(2) このときの仕事は何 J ですか。［　　］

2 右の図のように，滑車(かっしゃ)を使って，A さんは質量20 kg の荷物を15 秒で，B さんは質量20 kg の荷物を20 秒で，ともに3 m の高さまでもち上げた。これについて，次の問いに答えなさい。ただし，滑車とひもの重さや摩擦は考えないものとし，また，質量100 g の物体にはたらく重力の大きさを1 N とする。（10点 × 7）

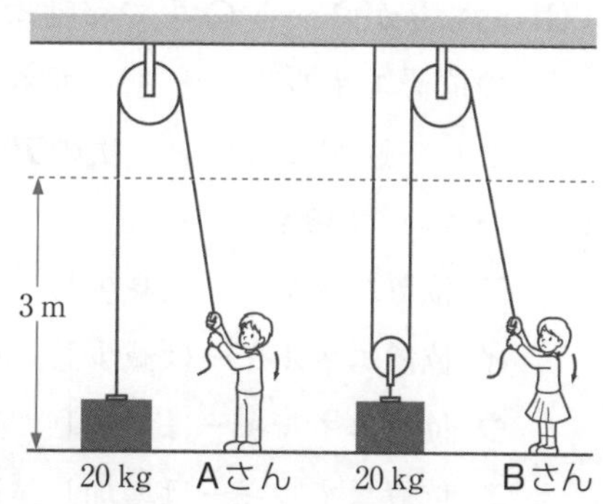

(1) A さんがした仕事は何 J ですか。［　　］

(2) A さんがした(1)の仕事について，仕事率は何 W ですか。［　　］

(3) B さんの場合について，

① ひもを引く力の大きさは何 N ですか。［　　］

② ひもを引く長さは何 m ですか。［　　］

③ このときの仕事は何 J ですか。［　　］

④ このときの仕事率は何 W ですか。［　　］

(4) 道具を使って仕事をしても，道具を使わないでする場合と仕事の大きさは変わらない。このことを何といいますか。［　　］

理科

50 力学的エネルギー

合格点 70点
得点 　点
解答 ➡ P.116

1 図1のように，おもりに糸をつけて天井Oからつるし，糸がたるまないようにしておもりをPの位置までもち上げ，静止させたあと，手をはなした。おもりは最下点Qを通過後，PとD同じ高さDまで上がった。摩擦や空気の抵抗は無視できるものとし，次の問いに答えなさい。

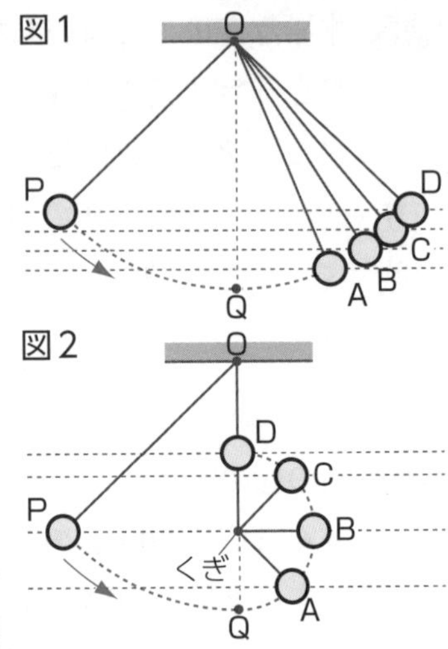

(1) おもりがPからQまで移動する間のおもりの位置エネルギーと運動エネルギーの説明として適切なものを，次の**ア**～**エ**から選びなさい。(30点) [　　]

ア 位置エネルギーは減少し，運動エネルギーは増加する。
イ 位置エネルギーは減少し，運動エネルギーも減少する。
ウ 位置エネルギーは増加し，運動エネルギーは減少する。
エ 位置エネルギーは増加し，運動エネルギーも増加する。

(2) 図1でQを通過後，A～Dの位置でおもりがもつ力学的エネルギーの大きさを比較したとき，正しく表しているものを，次の**ア**～**エ**から選びなさい。(30点) [　　]

ア A＜B＝C＜D　**イ** A＜B＜C＜D
ウ A＞B＝C＞D　**エ** A＝B＝C＝D

(3) 次に，図2のように天井Oの真下でPと同じ高さの位置にくぎをとりつけて，おもりをPの位置までもち上げて静止させた後，手をはなした。おもりは最下点Qを通過後，どの位置まで上がるか。最も適切なものを，次の**ア**～**エ**から選びなさい。(40点) [　　]

ア A　**イ** B　**ウ** C　**エ** D

〔沖縄〕

月　日

水溶液とイオン

合格点 80点
得点　　点
解答 ➡ P.117

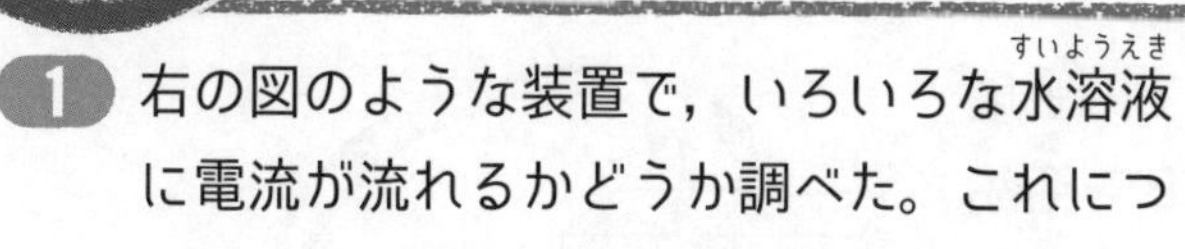

1 右の図のような装置で，いろいろな水溶液（すいようえき）に電流が流れるかどうか調べた。これについて，次の問いに答えなさい。（10点×5）

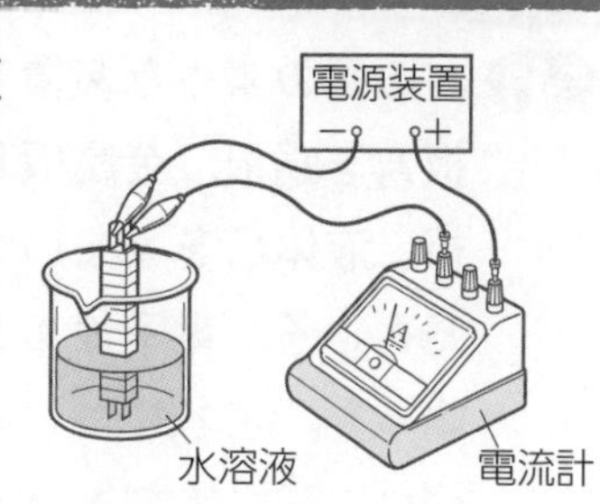

(1) 砂糖水と食塩水には，それぞれ電流が流れますか，流れませんか。

砂糖水［　　　　］　食塩水［　　　　］

(2) 次の**ア**～**エ**のうち，電流が流れるものをすべて選びなさい。

［　　　　］

ア うすい塩酸　**イ** エタノール　**ウ** 塩化銅水溶液　**エ** 純粋（じゅんすい）な水

(3) 次の文の［　］に適切な語を入れなさい。

水に溶（と）かしたときに電流が流れる物質を，［①　　　　］といい，水に溶かしても電流が流れない物質を，［②　　　　］という。

2 右の図は，塩酸に電流が流れるようすをモデルで表したものである。これについて，次の問いに答えなさい。（10点×5）

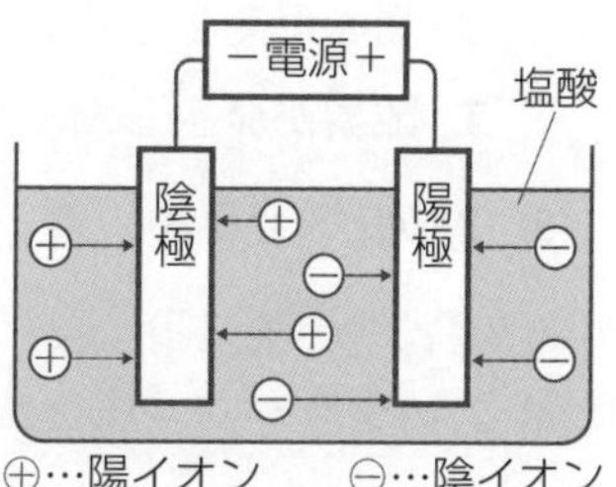

⊕…陽イオン　⊖…陰イオン

(1) 塩酸中の陽イオン，陰（いん）イオンはそれぞれ何というイオンか。それぞれイオン名と化学式で答えなさい。

陽イオン［イオン名…　　　　，化学式…　　　　］

陰イオン［イオン名…　　　　，化学式…　　　　］

(2) 塩酸の電離（でんり）のようすを，化学式で表しなさい。

［　　　　］

(3) 両極から発生する気体は，それぞれ何ですか。化学式で答えなさい。

陽極［　　　　］

陰極［　　　　］

発生する気体の確認方法も答えられるようにしよう。

化学変化と電池のしくみ

合格点 80点
得点 点
解答 ➡ P.117

1 右の図のような装置で，金属板Aを銅板，金属板Bを亜鉛（あえん）板，液体Cをうすい塩酸にしたところ，電子オルゴールが鳴った。これについて，次の問いに答えなさい。（20点×5）

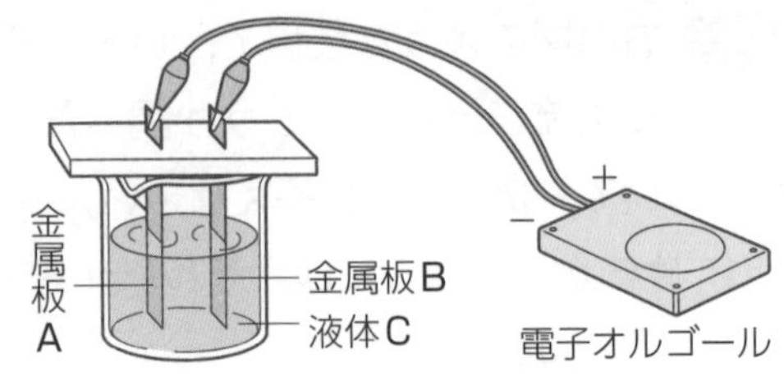

(1) この実験のように，化学エネルギーを電気エネルギーに変換（へんかん）してとり出す装置を何といいますか。［　　　］

(2) 実験で，電子オルゴールが鳴っているとき，銅板で起こっている変化を，次の**ア**～**エ**から選びなさい。［　　　］

ア 銅板が溶（と）け出した。

イ 水素が発生した。

ウ 塩素が発生した。

エ 酸素が発生した。

一方の金属板からは気体が発生し，もう一方の金属板は溶け出すよ。

(3) (2)の化学変化を，電子を⊖としてイオン式で表しなさい。

［　　　］

(4) この実験で，－極は銅板と亜鉛板のどちらですか。［　　　］

(5) 実験の金属板A，金属板B，液体Cの組み合わせを変えて，電子オルゴールが鳴るかどうかを調べた。電子オルゴールが鳴る組み合わせを，次の**ア**～**オ**から選びなさい。［　　　］

ア 金属板A：銅板，金属板B：銅板，液体C：食塩水

イ 金属板A：銅板，金属板B：アルミニウム板，液体C：食塩水

ウ 金属板A：亜鉛板，金属板B：亜鉛板，液体C：食塩水

エ 金属板A：亜鉛板，金属板B：アルミニウム板，液体C：砂糖水

オ 金属板A：銅板，金属板B：亜鉛板，液体C：砂糖水

酸・アルカリとイオン

合格点 80点
得点　　点
解答 ➡ P.117

1 次の①～⑤の手順で実験を行った。あとの問いに答えなさい。

① うすい水酸化ナトリウム水溶液(すいようえき)をビーカーにとった。

② 図1のように，ガラス棒でかき混ぜながら，①の水溶液にうすい塩酸をこまごめピペットで1滴(てき)ずつ加えて，酸性もアルカリ性も示さなくなったところで，塩酸を加えるのをやめた。

図1

図2

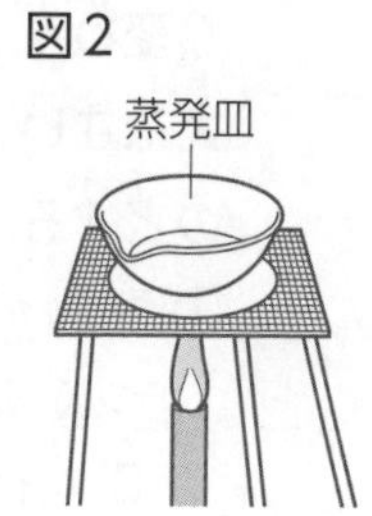

③ ②の水溶液を蒸発皿にとり，図2のように加熱した。

④ 蒸発皿に水分がわずかに残っている状態で加熱をやめた。しばらく放置すると，白い物質が現れた。

⑤ ④の物質を顕微鏡(けんびきょう)やルーペで観察すると，結晶(けっしょう)が見られた。

(1) この実験のように，酸性の水溶液とアルカリ性の水溶液がお互(たが)いの性質を打ち消しあう変化を何といいますか。(15点)　[　　　]

(2) ⑤では，白い結晶がたくさん見られた。何という物質の結晶か。その名称(めいしょう)を書きなさい。(15点)　[　　　]

(3) (1)について，次の文の[　　]に適切な語を入れなさい。(15点×2)

酸性の水溶液中の[a　　　　]イオンと，アルカリの水溶液中の[b　　　　]イオンが結びついて，水ができる反応。

(4) (3)を，イオン式で表しなさい。(20点)　[　　＋　　$\longrightarrow H_2O$]

(5) ②の下線部になったときの水溶液のイオンの状態を表しているモデルを，右のア～エから選びなさい。(20点)　[　　　]

ア

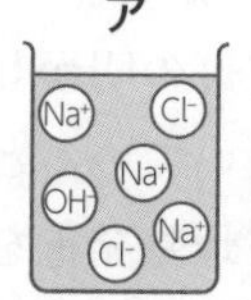

イ

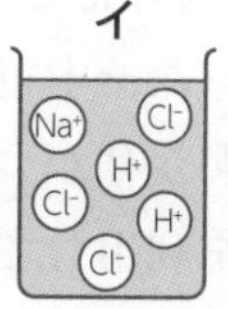

ウ

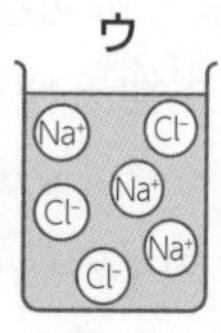

エ

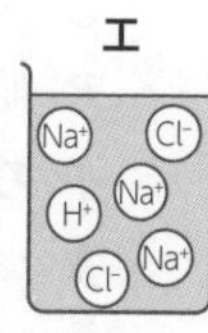

〔山口－改〕

いろいろなエネルギーとその変換

合格点 80点
得点 　点
解答 ➡ P.117

1 A～Eエネルギーは，運動・化学・電気・熱・光エネルギーのいずれかを表したものである。また，図は①～④の文に表されたエネルギーの移り変わりを模式的に示したものである。これについて，あとの問いに答えなさい。ただし，記述したエネルギー以外のエネルギーは考えないものとする。(20点×5)

① 植物が光合成によってデンプンをつくるとき，Aエネルギーは主にBエネルギーに移り変わる。

② ガスコンロを使って水をあたためているとき，Bエネルギーは主にCエネルギーに移り変わる。

③ 太陽電池でモーターが回転しているとき，Aエネルギーは主にEエネルギーを経てDエネルギーに移り変わる。

④ 火力発電によって発電しているとき，Bエネルギーは主にCエネルギーからDエネルギーを経てEエネルギーに移り変わる。

Aエネルギー
①　③
Bエネルギー　Eエネルギー
②　④　④　③
④
Cエネルギー　Dエネルギー

(1) B，C，D，Eエネルギーが表すものは何エネルギーか。記号で答えなさい。

B[　　] C[　　] D[　　] E[　　]

ア 運動エネルギー　**イ** 化学エネルギー　**ウ** 電気エネルギー
エ 熱エネルギー　**オ** 光エネルギー

(2) Bエネルギーが主にEエネルギーを経てAエネルギーに移り変わる事例として最も適切なものはどれか。記号で答えなさい。 [　　]

ア 乾電池を使った懐中電灯の明かりがついているとき。
イ ろうそくの明かりがついているとき。
ウ マグマの熱を利用して地熱発電をしているとき。
エ 風を利用して風力発電をしているとき。

〔京都ー改〕

エネルギー資源

合格点 80点
得点 点
解答 ➡ P.117

1 右の図は富山(とやま)県内にある風力発電施設の写真である。次の文の①～⑥の中に入る最も適切な語を下の**ア**～**ス**の中から選びなさい。(10点×6)

現在，日本での発電は，ほとんどが，火力，原子力，水力を利用している。しかし，これらの発電方式にはそれぞれ課題がある。例えば，化石燃料を大量に燃焼している火力発電では，大気汚染(おせん)の原因となる窒素(ちっそ)や硫黄(いおう)の酸化物はほとんどとり除かれているが，地球の[①]を引き起こすといわれる[②]は大量に排出されている。また，化石燃料は[③]に限りがあるので，将来[④]するおそれがある。一方，風力発電では，空気(風)の[⑤]エネルギーを[⑥]エネルギーに変換(へんかん)して利用しており，風力はクリーンで環境(かんきょう)への影響(えいきょう)が少ないエネルギー資源といわれている。

ア 量　**イ** 光　**ウ** 熱　**エ** 不足
オ 酸素　**カ** 電気　**キ** 化学　**ク** 飽和(ほうわ)
ケ 運動　**コ** 安全性　**サ** 温暖化　**シ** 寒冷化
ス 二酸化炭素

〔富山〕

2 エネルギーの利用について，次の問いに答えなさい。

(1) 再生可能エネルギーを利用した発電ではないものはどれか。次の**ア**～**エ**から選びなさい。(10点) [ ]

ア 地熱発電　**イ** 原子力発電　**ウ** 風力発電　**エ** 太陽光発電

(2) バイオマスの例を1つあげなさい。また，バイオマスを簡潔に説明しなさい。(15点×2)

例[ ]

説明[ ]

理科

56 科学技術と人間生活

合格点 80点
得点 　点
解答 ➡ P.118

1 科学技術の進歩によって開発された新しい材料について，次の問いに答えなさい。(10点×3)

(1) 生分解性プラスチックがふつうのプラスチックに比べて環境保全に役立つところは何か。簡潔に書きなさい。

[　　　　　　　　　　　　]

(2) ファインセラミックスは包丁やエンジンの部品，人工の骨，スペースシャトルの表面などに広く使われている。どのような特徴があるか。簡潔に書きなさい。 [　　　　　　　　　　　　]

(3) 吸水性高分子が使われている例を１つあげなさい。 [　　　　　　　　]

2 下の文章は情報技術の進歩について説明したものである。文中の①，②に適切な語句を入れ，文章を完成させなさい。(20点×2)

近年の通信機器や情報を処理，蓄積する装置の進歩には[①　　　　]が果たした役割は大きい。(①)は，1940年代に実用化されて以来，飛躍的に進歩し，小型化したうえ，多くの情報をはやく処理できるようになった。また，主に[②　　　　]の技術により，世界中の(①)がつながり，情報交換できるようになった。

3 環境をまもる技術について，次の問いに答えなさい。(10点×3)

(1) 金属などの資源は，一度限りの利用ではなく，くり返し使うのが望ましいが，このような資源の再利用を何というか。その名称を書きなさい。

[　　　　　　　　]

(2) ガソリンエンジンと電気モーターの両方を使う自動車を何というか。その名称を書きなさい。 [　　　　　　　　]

(3) 都市部の気温が，郊外に比べて高くなる現象のことを何というか。その名称を書きなさい。 [　　　　　　　　]

月　日

理科 57 生物の成長と細胞分裂

合格点 80点
得点　　点
解答 ➡ P.118

1 タマネギの成長している根の先端(せんたん)部分を用いて，下の手順で実験を行い，細胞分裂(さいぼうぶんれつ)のようすと細胞の大きさを観察した。図1は，切りとった根の先端部分(長さ5 mm)を模式的に示している。あとの問いに答えなさい。

図1

切り口　b　根の先端部分　a

〔手順〕① 切りとった根の先端部分を，(**ア**　うすい塩酸　**イ**　エタノール)の入ったビーカーに入れて，そのビーカーを湯につけ，約1分間あたためた。

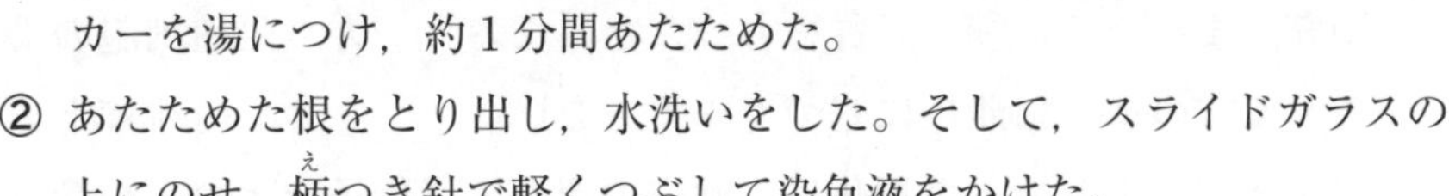

② あたためた根をとり出し，水洗いをした。そして，スライドガラスの上にのせ，柄(え)つき針で軽くつぶして染色液をかけた。

③ 数分後にカバーガラスをかけ，その上にろ紙をかぶせて垂直におしつぶし，顕微鏡(けんびきょう)で観察した。

(1) 手順①の(　)内の薬品から，また，その薬品を使う理由を，次の**ア**～**エ**から選びなさい。(20点×2)　　薬品［　　］　理由［　　］

ア 細胞を脱色(だっしょく)するため。　**イ** 細胞分裂を活発にするため。

ウ 細胞から核をとり出すため。　**エ** 1つ1つの細胞を離(はな)れやすくするため。

(2) 図2は，図1のaを顕微鏡で観察したものの一部を模式的に示している。図2のA～Eに示す細胞を，細胞が分裂していく順に並べたとき，Aを1番目とすると，3番目になるのはどれか。B～Eから選びなさい。(30点)　［　　］

図2

A　B　C　D　E

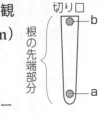

(3) 細胞分裂は図1のaで見られ，bでは見られなかった。また，細胞の大きさを比べるとaにある細胞は，bにある細胞よりも小さかった。これらのことから，根が成長するしくみを，「細胞分裂によって，」という書き出しで，簡潔に書きなさい。(30点)

［　　　　　　　　　　　　　　　　］〔福岡〕

生物のふえ方と遺伝

合格点 80点
得点　　点
解答 ➡ P.118

1 細胞分裂と生殖について，次の①～④に入る語句を書きなさい。(10点×4)

染色体には形質を現すもとになる遺伝子が含まれている。遺伝子は，個体の形質を決めるだけでなく，生殖において形質を子孫に伝えるはたらきをしている。生殖の方法のうち，雌雄に基づかないふえ方を[①　　　　]生殖といい，親のからだが分裂したり，一部が分かれたりして，新しい個体ができる。そのため，子は親とまったく[②　　　　]遺伝子を受けつぎ，まったく(②)形質をもつことになる。一方，生殖細胞の受精によるふえ方のように雌雄に基づくふえ方を[③　　　　]生殖といい，このふえ方によりできた個体は，両方の親から遺伝子を半分ずつ受けついでいる。そのため，(③)生殖で生まれた子の1つの形質に注目すると，どちらかの親と同じ形質か，[④　　　　]形質が現れる。

〔兵庫〕

2 右の図は，丸形の種子をつくる純系のエンドウとしわ形の種子をつくる純系のエンドウをかけ合わせて遺伝の実験をした結果を示したものである。次の問いに答えなさい。

親　丸形の種子をつくるもの [AA] ― しわ形の種子をつくるもの [aa]
子　[Aa]
孫　[AA] [①] [Aa] [②]
(Aは丸形，aはしわ形の遺伝子)

(1) 子の代の種子には，丸形としわ形のどちらが現れましたか。(10点)　[　　　　]

(2) 子の代の種子を自家受粉させたとき，孫の代の①，②の遺伝子の組み合わせを書きなさい。(15点×2)
①[　　　　]　②[　　　　]

(3) 孫の代では，顕性の形質と潜性の形質がどのような割合で生じますか。(10点)
顕性：潜性＝[　　　　]

(4) 孫の代で，丸形の種子が5400個得られたとき，しわ形の種子はおよそ何個得られますか。(10点)
[　　　　]

理科 59 生物の進化

1 右の図は，セキツイ動物の前あしの骨格を模式的に表したものである。次の問いに答えなさい。

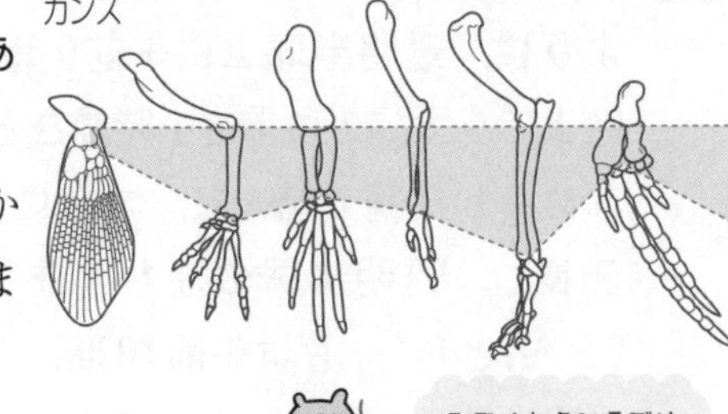

(1) 前あしは，スズメ，クジラでは，からだのどの部分の骨格になっていますか。（15点×2）

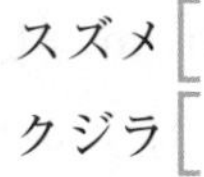

スズメ［　　　　］

クジラ［　　　　］

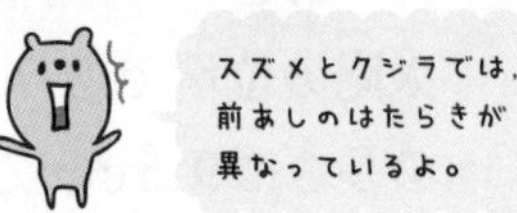

スズメとクジラでは，
前あしのはたらきが
異なっているよ。

(2) 図のように，形やはたらきが違(ちが)っていても，基本的には同じつくりの器官を何といいますか。（10点）［　　　　］

(3) 生物のからだのしくみや形が，長い年月をかけて少しずつ変化し，いろいろな種類に分かれていくことを何といいますか。（10点）［　　　　］

2 右の図は，約1億5000万年前のドイツの地層から発見された生物の化石から，からだの形を推察し，復元(ふくげん)したものである。これについて，次の問いに答えなさい。

(1) 図の生物は何とよばれていますか。（10点）

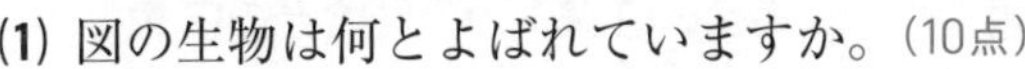

［　　　　］

(2) 次の文の［　］に適切な語句を入れなさい。（15点×2）

図の生物は，鳥のようであるが，口にするどい［①　　　　］があり，尾(お)には骨がある。また，前あしは［②　　　　］となり，その先には，3本のつめが残っている。

(3) この生物は，鳥類と何類の中間的な特徴(とくちょう)をもつ生物といえますか。（10点）

［　　　　］

天体の日周運動

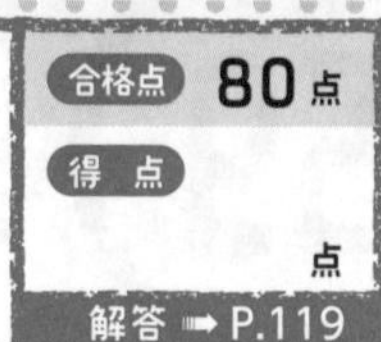

1 ある場所で，透明半球を用いて太陽の動きを観測した。冬至の日，図のように，透明半球上に午前9時から午後4時まで，太陽の位置を1時間ごとに記録し，なめらかな線で結んだ。さらにその曲線を延長し，透明半球のふちと曲線の交点をL，Mとした。Pは午前10時，Qは正午の太陽の位置であり，PとQの間の弧の長さは6.0cm，LとPの間の弧の長さは9.5cmであった。次の問いに答えなさい。（20点×5）

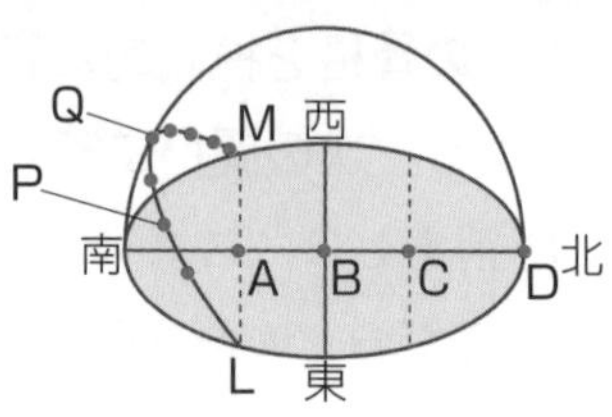

(1) 透明半球上に太陽の位置を記録するには，サインペンの先端の影が図のA，B，C，Dのどこにくるようにしますか。 ［　　］

(2) 観測した結果から，冬至の日の「日の出の時刻」を求めなさい。 ［　　］

(3) 冬至の日の10か月後に，同じ場所で太陽の1日の動きを記録したものはどれか。下の図の**ア**～**エ**から選びなさい。 ［　　］

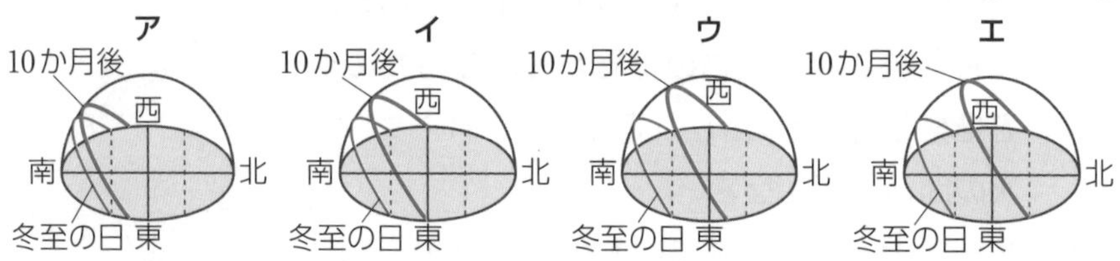

(4) この場所で，太陽の動きを継続して観測したところ，昼間の長さや太陽の南中高度が1年を通して規則的に変化していることがわかった。このような変化の起こる理由を，簡潔に書きなさい。
［　　］

(5) 透明半球を用いて太陽の動きを観測すると，図のL，P，Q，Mと動いているように見える理由を，簡潔に書きなさい。
［　　］〔栃木－改〕

理科

61 季節の変化と四季の星座

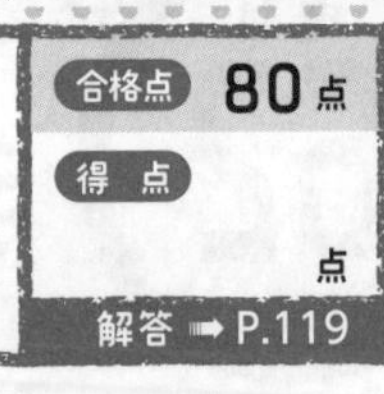

1 福岡県(ふくおか)のある地点で，7月20日の午後9時に，さそり座を観察した。図1のaは，その位置を記録したものである。また，同じ地点で，7月20日の午後9時に，東の空の星座を観察した。その後，同じ地点で，8月20日と9月20日の午後9時に，東の空の星座を観察した。図2のA～Cは，東の空を観察したときの主な星座の位置を記録したものである。あとの問いに答えなさい。ただし，図2は，観察した日付の順に並んでいるとは限らない。

図1

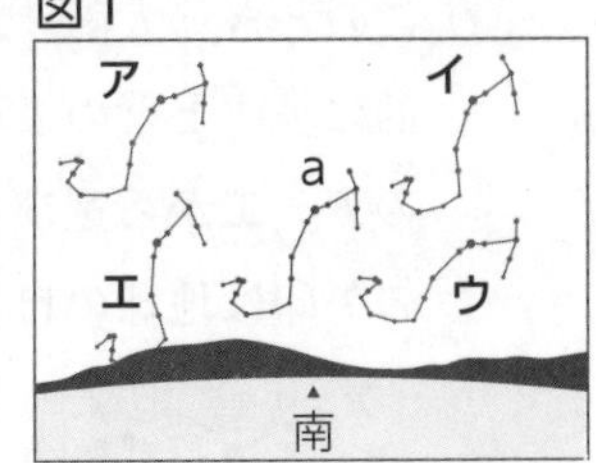

図2

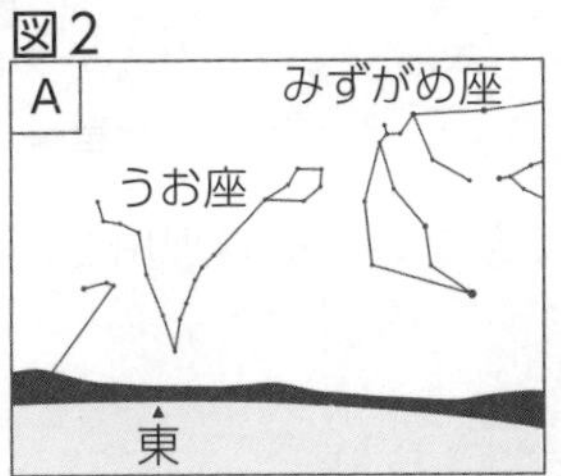

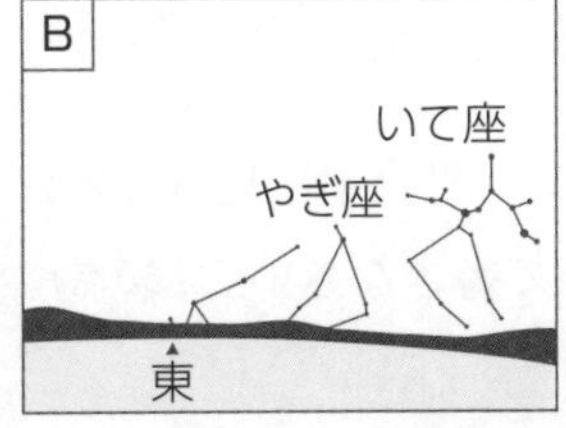

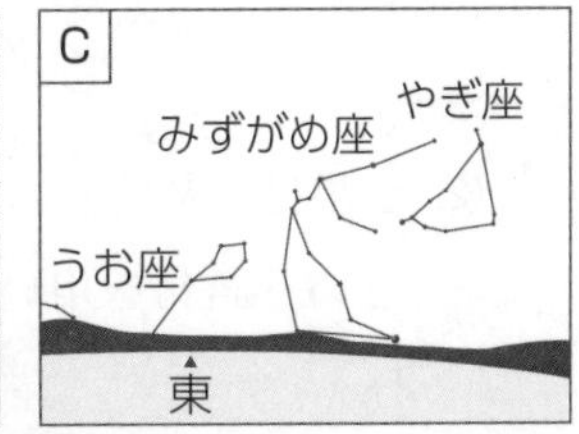

(1) 7月20日の午後11時に，さそり座を再び観察した。このときのさそり座の位置を，図1の**ア**～**エ**から選びなさい。(20点)　[　　]

(2) さそり座を継続的(けいぞくてき)に観察すると，冬の一時期には，観察できないことがわかった。この理由を，「さそり座は，地球から見て」という書き出しで，簡潔に書きなさい。(30点)

[　　　　　　　　　　]

(3) 図2のA～Cを，観察した日付のはやいほうから順に並べ，記号で答えなさい。(20点)　[　　→　　→　　]

(4) 図2のように，同じ時刻に見えた星座の位置が違(ちが)っていた理由を，「地球が」という書き出しで，簡潔に書きなさい。(30点)

[　　　　　　　　　　]〔福岡〕

宇宙と太陽系

1 太陽系の惑星（わくせい）の運動と見え方について，あとの問いに答えなさい。

(1) 日本のある場所で，日没（にちぼつ）後，西の空に，金星，火星が下の図のように見えた。このことについて，次の問いに答えなさい。

① このとき，太陽，地球，金星，火星の位置関係を模式的に表すとどのようになるか。最も適切なものを，次の**ア**～**エ**から選びなさい。ただし，**ア**～**エ**の模式図中の矢印は地球の自転の向きを示している。（20点）

［　　］

ア 火星　地球　金星　太陽

イ
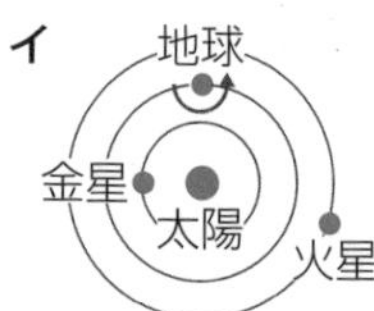

ウ
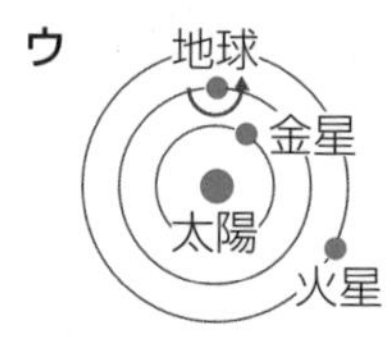

エ

② 金星は，火星と違（ちが）い，真夜中に見ることができない。その理由を，「公転」という語句を用いて書きなさい。（30点）

［　　　　　　　　　　　　　　　　］

(2) 平成16年6月8日に，日本の各地で，金星が太陽と地球の間を通ることにより，金星が太陽面を通過するように見える現象が観測された。その20日後の6月28日に，日本のある場所で金星を観測した。次の問いに答えなさい。ただし，金星の公転の周期は，0.62年とする。

① 金星以外に，太陽面を通過するように見えることがある惑星は何か。書きなさい。（20点）

［　　　　］

② 平成16年6月28日に，この場所で金星を観測したとき，金星が見える時間と方向の組み合わせとして，最も適切なものを，次の**ア**～**エ**から選びなさい。（30点）

［　　］

ア 夕方，西の空　**イ** 夕方，東の空

ウ 明け方，西の空　**エ** 明け方，東の空

〔新潟〕

自然環境と自然のつりあい

合格点 80点
得点 点
解答 ➡ P.119

1 右の図は，自然界における炭素の循環(じゅんかん)を表したものである。次の問いに答えなさい。（20点×3）

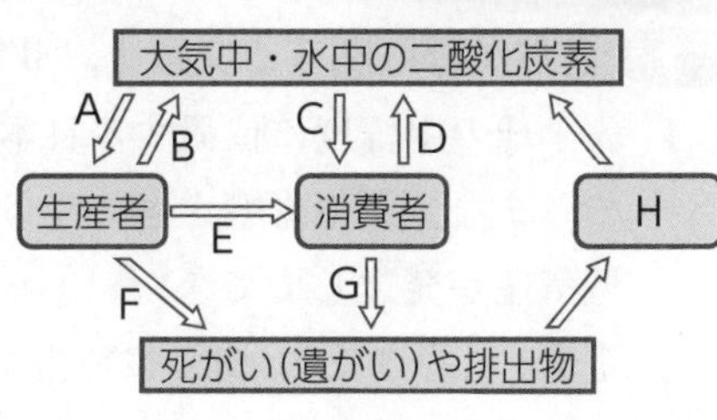

(1) 図の中の矢印は炭素の流れを示しているが，それらの中には，自然界に存在しないものが1つ含(ふく)まれている。それは，図の矢印A～Gのうちではどれですか。 [　　]

(2) 自然界の生物どうしの間は，食べる・食べられるという関係(食う・食われるの関係)によりつながっている。このつながりを何といいますか。 [　　]

(3) 図のHにあてはまる生物名を次の**ア**～**ク**からすべて選びなさい。 [　　]

ア ダンゴムシ　**イ** シイタケ　**ウ** アメーバ　**エ** アオミドロ
オ ゾウリムシ　**カ** ゼニゴケ　**キ** アオカビ　**ク** ミミズ　〔岡山一改〕

2 右の図は，食物連鎖(しょくもつれんさ)による生物どうしの数量関係を模式的に示したものであり，つりあいが保たれた状態を表している。ある原因で，肉食動物の数量が減ってつりあいがくずれたが，長い時間をかけて，つりあいの保たれたもとの状態にもどった場合，生物の数量はその間，どのように変化したと考えられるか。次の**ア**～**ウ**を，最も適切な変化の順に左から右に並ぶように，その記号を書きなさい。（40点） [　　→　　→　　]

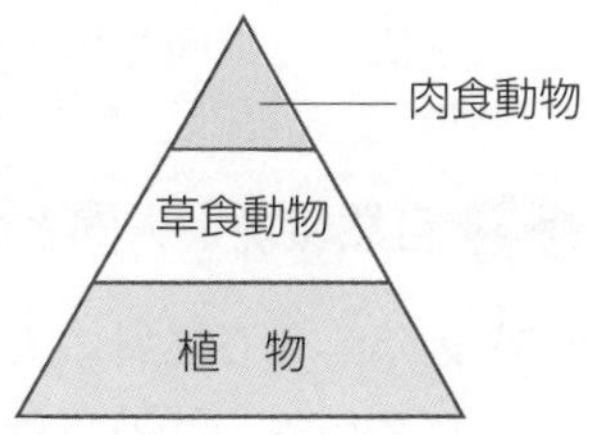

ア 肉食動物の数量がふえ，草食動物の数量が減る。
イ 肉食動物の数量が減り，植物の数量がふえる。
ウ 草食動物の数量がふえ，植物の数量が減る。　〔香川〕

理科

64 自然と人間の関わり

合格点 80点

得点　　点

解答 ➡ P.119

1 自然災害に関する文章Ⅰ，Ⅱについて，あとの問いに答えなさい。

Ⅰ 北半球の中緯度(いど)に位置する日本列島は，年間を通して大陸性と海洋性のさまざまな気団の影響(えいきょう)を強く受ける。このため，熱帯地方の海上で発生した低気圧が発達してできた(①)や，低気圧による強風と集中豪雨(ごうう)・豪雪，竜巻(たつまき)，(②)など，気象に原因をもつさまざまな自然災害にみまわれている。

Ⅱ 日本列島は海のプレートが陸のプレートの下にもぐりこむ場所にあるため，しばしば(③)にともなう大規模な自然災害が発生する。

(1) ①にあてはまるものは何ですか。(10点)　[　　　　]

(2) ②は，土地が水を多く含(ふく)むと地盤(じばん)がゆるみ，土砂が斜面(しゃめん)を一気に流れる現象である。その名称(めいしょう)を書きなさい。(20点)　[　　　　]

(3) ③にあてはまる自然災害は何ですか。(10点)　[　　　　]

(4) ③によって引き起こされ，海岸線に打ちよせる大きな波を何というか。その名称を書きなさい。(20点)　[　　　　]

(5) 自然災害が起こったときの被害(ひがい)を最小限にするためにつくられる，災害を予測した地図を何といいますか。(10点)　[　　　　]

2 自然環境(かんきょう)と人間との関わりについて，次の問いに答えなさい。(10点×3)

(1) 近年，化石燃料の大量消費によって，地球の気温が上昇(じょうしょう)していると考えられている。この現象を何といいますか。　[　　　　]

(2) (1)の現象で，化石燃料の大量消費によって発生し，気温の上昇の主な原因と考えられている気体は何か。気体名を答えなさい。

[　　　　]

(3) ある地域に，もともといなかった生物が人間の活動によってほかの地域から持ちこまれ，定着した生物を何といいますか。　[　　　　]

月　日

英語 65

中1・中2の英語①

合格点 80点
得点　　点
解答 ➡ P.120

1 次の(　)内から適する語句を選び，○で囲みなさい。(8点×3)

(1) These are my (dog,　dogs,　a dog).

(2) Jun and I (am,　is,　are) staying in Tokyo now.

(3) We don't have (many,　much,　well) rain here.

2 日本文に合うように，＿＿に適する1語を書きなさい。(10点×3)

(1) あなたが忙しいのなら，わたしがお手伝いしますよ。

＿＿＿ you are busy, ＿＿＿ help you.

(2) その女の子は突然走るのをやめました。

The girl suddenly ＿＿＿ ＿＿＿.

(3) その手紙を読んで彼女はうれしくなりました。

The letter ＿＿＿ ＿＿＿ happy.

3 次の英文を(　)内の指示通りに書きかえなさい。(11点×2)

(1) This is an interesting book.　(of the threeをつけ加えて)

＿＿＿＿＿＿＿＿＿＿

(2) I was happy because I talked with Ken.　(不定詞を使って同じ意味の文に)

＿＿＿＿＿＿＿＿＿＿

4 日本文に合うように，(　)内の語句を正しく並べかえなさい。(12点×2)

(1) 何か冷たい飲みものをください。

(drink,　me,　to,　give,　cold,　something).

＿＿＿＿＿＿＿＿＿＿

(2) マキはユミほど背が高くありません。

(Yumi,　tall,　is,　as,　Maki,　not,　as).

＿＿＿＿＿＿＿＿＿＿

英語 66

中1・中2の英語②

合格点 80点
得点　　点
解答 ➡ P.120

1 [　]内の語を適する形にかえて，＿＿に書きなさい。（7点×3）

(1) My bag is ＿＿＿＿ than yours. [big]

(2) Were you still ＿＿＿＿ dinner then ? [eat]

(3) I'm good at ＿＿＿＿ soccer. [play]

2 次の文の応答として最も適切な文を下から選んで，記号で答えなさい。（7点×4）

(1) Shall I close the door ? [　　]

(2) Must I go with you ? [　　]

(3) Can you play the guitar ? [　　]

(4) Would you like to visit Kyoto ? [　　]

ア　Yes, I can.　　イ　Yes, please.

ウ　Yes, I'd like to.　　エ　No, you don't have to.

だれが動作をするのか，注意して考えよう。

3 2文がほぼ同じ内容を表すように，＿＿に適する1語を書きなさい。（8点×3）

(1) Don't swim in this river.
You ＿＿＿＿ ＿＿＿＿ swim in this river.

(2) Mr. Tani is our English teacher.
Mr. Tani ＿＿＿＿ ＿＿＿＿ English.

(3) There are two libraries in our city.
＿＿＿＿ city ＿＿＿＿ two libraries.

4 次の会話が成り立つように，＿＿に適する1語を書きなさい。（9点×3）

(1) *A* : Are Kate and Lucy sisters ?　*B* : Yes, ＿＿＿＿ ＿＿＿＿.

(2) *A* : Did you talk with your father yesterday ?
B : No, I didn't. He ＿＿＿＿ sleeping ＿＿＿＿ I came home.

(3) *A* : ＿＿＿＿ season do you like, summer ＿＿＿＿ winter ?
B : I like winter.

受け身①
English is spoken here.

合格点 80点
得点　点
解答 ➡ P.120

1 次の(　)内から適する語句を選び，○で囲みなさい。(8点×3)

(1) Lunch is usually (cook, cooking, cooked, cooks) by Mary.

(2) This car was (wash, washes, washed, washing) by Koji.

(3) Rice is (eat, ate, eating, eaten) in Japan.

2 次の英文を日本語にしなさい。(9点×3)

(1) These boxes were brought by those boys.
[　　　　　　　　　　]

(2) English will be taught by Ms. Oda next year.
[　　　　　　　　　　]

(3) Yohei isn't known as a soccer player.
[　　　　　　　　　　]

3 日本文に合うように，＿＿に適する１語を書きなさい。(9点×3)

(1) この本はわたしの父によって書かれました。
This book ＿＿ ＿＿ by my father.

(2) この部屋は弟に掃除されません。
This room ＿＿ ＿＿ by my brother.

(3) トムがこの窓を割りました。
This window ＿＿ ＿＿ by Tom.

4 ２文がほぼ同じ内容を表すように，＿＿に適する１語を書きなさい。
(11点×2)

(1) 〔清風高〕
They don't speak French there.
French ＿＿ ＿＿ there.

(2)
We can see many birds here.
Many birds ＿＿ ＿＿ ＿＿ here.

英語

68 受け身②

What language is spoken here ?

合格点 80点

得点 　点

解答 ➡ P.120

1 日本文に合うように，＿＿に適する１語を書きなさい。（10点×3）

(1) これらの本はナンシーによって読まれますか。

＿＿＿＿ these books ＿＿＿＿ by Nancy ?

(2) この手紙はあなたに書かれましたか。

＿＿＿＿ this letter ＿＿＿＿ by you ?

(3) この学校はいつ建てられましたか。

When ＿＿＿＿ this school ＿＿＿＿ ?

be動詞の疑問文と同じ語順だよ。

2 ２文がほぼ同じ内容を表すように，＿＿に適する１語を書きなさい。（11点×2）

(1) Did Mike send this letter to you ?
＿＿＿＿ this letter ＿＿＿＿ to you ＿＿＿＿ Mike ?

(2) What language is spoken in Mexico ?
What language ＿＿＿＿ they ＿＿＿＿ in Mexico ?

3 次の会話が成り立つように，＿＿に適する１語を書きなさい。（12点×2）

(1) *A* : Was this curry cooked by your brother ?

B : ＿＿＿＿, it ＿＿＿＿. He's a very good cook.

(2) *A* : ＿＿＿＿ ＿＿＿＿ these boxes brought to my room ?

B : Last night. Your father brought them here.

4 日本文に合うように，（ ）内の語句を正しく並べかえなさい。（12点×2）

(1) あなたのかばんは彼によって見つけられましたか。

(bag, was, by, found, him, your) ?

＿＿＿＿＿＿＿＿＿＿＿＿＿＿＿＿

(2) このコンピュータはどこで使われますか。

(this, used, where, computer, is) ?

＿＿＿＿＿＿＿＿＿＿＿＿＿＿＿＿

69 現在完了①

Mie has lived in Kobe for two years.

合格点 80点
得点 点
解答 ➡ P.120

1 日本文に合うように，＿＿に適する１語を書きなさい。（10点×3）

(1) わたしは３週間，京都に滞在しています。

I ＿＿＿＿ ＿＿＿＿ in Kyoto for three weeks.

(2) トムは昨年からその車をほしいと思っています。

Tom ＿＿＿＿ ＿＿＿＿ that car since last year.

(3) あなたはこの前の日曜日から忙しいですか。

＿＿＿＿ you ＿＿＿＿ busy since last Sunday ?

2 ２文がほぼ同じ内容を表すように，＿＿に適する１語を書きなさい。（11点×2）

(1) I came to Osaka two years ago, and I still live here.
I ＿＿＿＿ ＿＿＿＿ in Osaka ＿＿＿＿ two years.

(2) Five years have passed since we last saw her.
We ＿＿＿＿ ＿＿＿＿ her for five years. 〔青雲高〕

3 日本文に合うように，(　)内の語句を正しく並べかえなさい。（12点×2）

(1) この町に住んでどのくらいになりますか。

How (you, lived, have, long) in this town ? 〔沖縄〕

How ＿＿＿＿＿＿＿＿ in this town ?

(2) トムから６か月間，便りがありません。

(heard, six, Tom, have, I, for, not, from, months).

＿＿＿＿＿＿＿＿

4 次の英文を，下線部をたずねる疑問文に書きかえなさい。（12点×2）

(1) Those students have studied in Tokyo <u>since last year</u>.

＿＿＿＿＿＿＿＿

(2) It has been rainy <u>for two days</u>.

＿＿＿＿＿＿＿＿

現在完了②

I have been to Canada twice.

合格点 80点

得点 　　点

解答 ➡ P.121

1 日本文に合うように，＿＿に適する1語を書きなさい。（10点×5）

(1) わたしは一度，沖縄を訪れたことがあります。

I ＿＿＿＿ ＿＿＿＿ Okinawa once.

(2) マイクは以前に富士山を見たことがあります。

Mike ＿＿＿＿ ＿＿＿＿ Mt. Fuji before.

(3) スミスさんは一度も漢字を書いたことがありません。

Mr. Smith has ＿＿＿＿ ＿＿＿＿ *kanji*.

(4) あなたは今までにこの歌を聞いたことがありますか。

＿＿＿＿ you ＿＿＿＿ heard this song ?

(5) アンはその映画を二度見たことがあります。

Ann ＿＿＿＿ seen the movie ＿＿＿＿.

2 次の会話が成り立つように，＿＿に適する1語を書きなさい。（10点×3）

(1) *A* : ＿＿＿＿ you ＿＿＿＿ ＿＿＿＿ to Nagoya ?

B : Yes, I have. I've been there many times.

(2) *A* : Have you ever read such an interesting book ?

B : No, I have ＿＿＿＿ ＿＿＿＿ such an interesting book.

(3) *A* : How ＿＿＿＿ ＿＿＿＿ have you seen Lucy ?

B : I have seen her three times.

3 2文がほぼ同じ内容を表すように，＿＿に適する1語を書きなさい。（10点×2）

(1) I have never visited this town before.
This is my ＿＿＿＿ ＿＿＿＿ to this town. 〔青雲高〕

(2) She went to America in 2008, and she went there again in 2010.
She ＿＿＿＿ ＿＿＿＿ to America ＿＿＿＿.

月　日

英語 71

現在完了③

I have just washed the car.

合格点 80点
得点　　点
解答 ➡ P.121

1 日本文に合うように，……に適する１語を書きなさい。(7点×4)

(1) エミはすでにケンにEメールを送りました。
Emi has ………… ………… an e-mail to Ken.

(2) 小田先生はもう学校を出ましたか。
Has Mr. Oda ………… school ………… ?

(3) わたしはちょうど昼食を終えたところです。
I have ………… ………… my lunch.

(4) 彼らはまだ宿題をしていません。
They haven't ………… their homework ………… .

「(否定文で)まだ」，「(疑問文で)もう」はyetで表すよ。

2 次の英文を日本語にしなさい。(9点×4)

(1) Tom has already arrived at the station.
[　　　　　　　　　　　　　　　　　　　　]

(2) I have just washed the dishes.
[　　　　　　　　　　　　　　　　　　　　]

(3) Has your mother read the newspaper yet ?
[　　　　　　　　　　　　　　　　　　　　]

(4) We haven't cooked our dinner yet.
[　　　　　　　　　　　　　　　　　　　　]

3 次の英文を(　)内の指示通りに書きかえなさい。(12点×3)

(1) We have already cleaned our classroom. (否定文に)

…………………………………………

(2) Your sister has already bought the CD. (疑問文に)

…………………………………………

(3) ヒロコはちょうど神戸(こうべ)から帰ってきたところです。 (英語に)

…………………………………………

英語 72 助動詞

Would you like a cup of coffee ?

合格点 80点　得点　点　解答 ➡ P.121

1 日本文に合うように，______に適する１語を書きなさい。（8点×3）

(1) ミカは明日，忙しいかもしれません。
Mika ______ be busy tomorrow.

(2) あなたはすぐに家を出発するべきです。
You ______ leave home soon.

(3) 彼の話は本当のはずがありません。
His story ______ be true.

2 次の(　)内から適する語句を選び，○で囲みなさい。（8点×4）

(1) I (have, must, had) to help my father yesterday.

(2) You'll (can, may, be able to) speak English well.

(3) I thought she (will, can, would) come to our party.

(4) You (need, must, had better, had to) be tired after your long walk.
〔青雲高〕

3 次の英文を日本語にしなさい。（11点×2）

(1) Could you speak more slowly ?
[　　　　　　　　　　　　　　]

(2) I would like to visit Paris some day.
[　　　　　　　　　　　　　　]

4 日本文に合うように，(　)内の語句を正しく並べかえなさい。（11点×２）

(1) あなたはこの部屋を掃除する必要はありません。
(room, to, don't, you, clean, have, this).

____

(2) その病院への行き方をわたしに教えてくださいますか。
(the way, would, the hospital, you, me, tell, to) ?

____

英語 73

不定詞①

I know how to play the guitar.

合格点 80点
得点 点
解答 ➡ P.121

1 日本文に合うように，……に適する１語を書きなさい。（10点×4）

(1) わたしの兄は車の運転の仕方を知っています。
My brother knows ………… ………… drive a car.

(2) わたしは朝食に何を食べればよいかわかりません。
I don't know ………… ………… eat for breakfast.

(3) どちらを選べばよいか教えてください。
Please tell me ………… ………… choose.

(4) あなたはいつ家を出ればよいか知っていますか。
Do you know ………… ………… leave home ?

2 次の英文を日本語にしなさい。（12点×3）

(1) The old man showed me where to stay in this village.
[　　　　　　　　　　　　]

(2) Tell me which T-shirt to wear today.
[　　　　　　　　　　　　]

(3) I don't know what to buy for my mother's birthday.
[　　　　　　　　　　　　]

3 次の会話が成り立つように，(　)内の語句を正しく並べかえなさい。（12点×2）

(1) *A* : Will you tell me (the bus, to, off, where, get) ?
B : Of course.
Will you tell me ………………………… ?

(2) *A* : Can you use a computer ?　〔高知〕
B : Yes. My father (to use, me, how, taught) it.
My father ………………………… it.

英語

74 不定詞②

It is easy for him to speak English.

合格点 80点

得点 　　点

解答 ➡ P.122

1 日本文に合うように，＿＿に適する１語を書きなさい。（10点×4）

(1) このケーキは甘すぎて食べられませんでした。

This cake was ＿＿＿＿ ＿＿＿＿ to eat.

(2) サッカーの試合を見ることはわくわくします。

＿＿＿＿ is exciting ＿＿＿＿ watch a soccer game.

(3) バイオリンを弾くことは簡単ですか。

Is ＿＿＿＿ easy ＿＿＿＿ play the violin ?

(4) この車は高価すぎてわたしには買えません。

This car is ＿＿＿＿ expensive for me ＿＿＿＿ buy.

2 ２文がほぼ同じ内容を表すように，＿＿に適する１語を書きなさい。（12点×2）

(1) To get up early is good for us.
＿＿＿＿ is good for us ＿＿＿＿ get up early.

(2) I was very tired last night and I couldn't finish my work.
I was ＿＿＿＿ tired ＿＿＿＿ finish my work last night.

3 日本文に合うように，(　)内の語句を正しく並べかえなさい。（12点×3）

(1) たくさんの本を読むことは彼らにとって大切です。

(for, is, to, it, them, read, important) many books.

＿＿＿＿＿＿＿＿＿＿＿＿＿＿＿＿ many books.

(2) 忙しくてあなたと外出できません。〔成城学園高〕

I (with, too, go, am, to, out, busy) you.

I ＿＿＿＿＿＿＿＿＿＿＿＿＿＿＿＿ you.

(3) わたしにはこの質問に答えるのが難しいです。〔成城学園高〕

It (me, difficult, for, this, answer, is, to) question.

It ＿＿＿＿＿＿＿＿＿＿＿＿＿＿＿＿ question.

英語 75

不定詞③

My father told me to help him.

合格点 80点
得点 　点
解答 ➡ P.122

1 日本文に合うように，……に適する1語を書きなさい。(10点×4)

(1) 彼女はわたしたちにいっしょに買い物に行くように頼みました。
She asked us ………… ………… shopping with her.

(2) わたしはメアリーに英語を教えてもらいたいです。
I ………… Mary ………… teach me English.

(3) 母はわたしに昼食を作るように言いました。
My mother ………… me ………… cook lunch.

(4) 兄はわたしにその重い箱を運ぶように頼みました。
My brother ………… me ………… carry the heavy box.

2 次の英文を日本語にしなさい。(12点×2)

(1) The teacher told the students to wait in this room.
[　　　　　　　　　　　　　　　　　　　　]

(2) Did you ask Yumi to tell you how to use this computer ?
[　　　　　　　　　　　　　　　　　　　　]

3 日本文に合うように，(　)内の語句を正しく並べかえなさい。(12点×3)

(1) ケンジはわたしに宿題を手伝うように頼みました。
(asked, with, to, Kenji, me, help, him) his homework.
………………………………………… his homework.

(2) わたしたちはメアリーに来年日本を訪れてもらいたいです。
(want, visit, we, to, Mary, Japan) next year.
………………………………………… next year.

(3) ジョンはわたしにこの手紙を読むように言いました。
(letter, told, to, this, John, me, read).
…………………………………………

英語 76

分詞の形容詞的用法

I know the boy swimming there.

合格点 80点
得点　　点
解答 ➡ P.122

1 [　]内の語を適する形にかえて，……に書きなさい。(9点×4)

(1) Look at that ………… girl. [dance]

(2) The child ………… in the park is my daughter. [play]
〔高知学芸高〕

(3) I want three ………… eggs. [boil]

(4) What is the language ………… in Australia ? [speak] 〔沖縄―改〕

2 日本文に合うように，……に適する1語を書きなさい。(9点×2)

(1) あの眠っている赤ちゃんはわたしの妹です。
That ………… ………… is my sister.

(2) わたしは簡単な英語で書かれた本を持っています。
I have a book ………… ………… easy English.

3 次の2つの文を1つの文にするとき，……に適する1語を書きなさい。
(11点×2)

(1) The boy is my brother. He is playing the piano.
The ………… ………… the piano is my brother.

(2) She took pictures. They were very beautiful. 〔清風高〕
The pictures ………… ………… her were very beautiful.

4 日本文に合うように，(　)内の語句を正しく並べかえなさい。(12点×2)

(1) わたしは週末には近所に住んでいるお年寄りを訪問します。 〔秋田〕
I (living, my house, old people, visit, near) on weekends.
I ………………………… on weekends.

(2) わたしのおじによって植えられた花はとても人気があります。
(planted, popular, are, the flowers, my uncle, by, very).

…………………………

名詞を修飾する節

The sport he likes is soccer.

合格点 80点
得点　　点
解答 ➡ P.122

1 次の英語を日本語にしなさい。（10点×4）

(1) the bike my uncle has　[　　　　]

(2) the picture I took yesterday　[　　　　]

(3) The Japanese food I like the best is sushi.
[　　　　]

(4) This is the best movie I have ever seen.
[　　　　]

2 日本文に合うように，＿＿に適する１語を書きなさい。（９点×３）

(1) 彼があなたにあげた本をわたしに見せてください。
Please show me the book ＿＿＿＿ ＿＿＿＿ to you.

(2) これはエミが探しているノートです。
This is the ＿＿＿＿ Emi is ＿＿＿＿ for.

(3) 先週わたしが買った新しいかばんをあなたにお見せしましょう。
I'll show you my new bag ＿＿＿＿ ＿＿＿＿ last week.

3 日本文に合うように，(　)内の語句を正しく並べかえなさい。（11点×３）

(1) 彼らが話す言葉はスペイン語です。
(Spanish, speak, they, is, the language).

＿＿＿＿＿＿＿＿＿＿＿＿＿＿＿＿

(2) わたしがいちばん好きな季節は春です。
(best, I, spring, the season, like, the, is).

＿＿＿＿＿＿＿＿＿＿＿＿＿＿＿＿

(3) あなたが先月描いた絵をわたしにください。
Please (drew, give, the pictures, last, me, you, month).
Please ＿＿＿＿＿＿＿＿＿＿＿＿＿＿＿＿.

英語 78

関係代名詞①

I know a man who lives in Paris.

合格点 80点
得点 点

解答 ➡ P.123

1 次の英文を日本語にしなさい。(12点×3)

(1) Do you know the boy who is singing over there ?

[　　　　　　　　　　　　　　　　　　　　　　]

(2) Look at the roof which is covered with snow.

[　　　　　　　　　　　　　　　　　　　　　　]

(3) I go to school by the bus that leaves at eight.

[　　　　　　　　　　　　　　　　　　　　　　]

2 次の２つの文を関係代名詞**who**，**which**のいずれかを使って１つの文にするとき，＿＿に適する１語を書きなさい。(11点×2)

(1) Yumi has some bags. They are popular among girls.

Yumi has some bags ＿＿＿＿ ＿＿＿＿ popular among girls.

(2) I know the boy. He came to see you yesterday.

I know the boy ＿＿＿＿ ＿＿＿＿ to see you yesterday.

3 日本文に合うように，(　)内の語句を正しく並べかえなさい。(14点×3)

(1) ケンによって描かれた絵は人気があります。

(that, Ken, the picture, by, painted, popular, was, is).

＿＿＿＿＿＿＿＿＿＿＿＿＿＿＿＿＿＿＿＿＿＿＿＿

(2) 赤いかばんを持っている女性はわたしの姉です。

(is, bag, has, who, the woman, a red, my sister).

＿＿＿＿＿＿＿＿＿＿＿＿＿＿＿＿＿＿＿＿＿＿＿＿

(3) ジョンによって送られた手紙をわたしに見せてください。

(was, show, sent, John, the letter, me, by, that).

＿＿＿＿＿＿＿＿＿＿＿＿＿＿＿＿＿＿＿＿＿＿＿＿

関係代名詞②

I know the girl (that) he loves.

合格点 80点
得点 点
解答 ➡ P.123

1 次の英文を日本語にしなさい。(10点×3)

(1) This is the e-mail which I received from Yuka.

[ ]

(2) The boy that I know the best in this class is Tom.

[ ]

(3) The movie we saw yesterday is famous.

[ ]

2 次の２つの文を( )内の関係代名詞を使って１つの文にするとき，______に適する１語を書きなさい。(11点×4)

(1) The girls were kind. We met them yesterday. (that)

The girls ______ ______ met yesterday were kind.

(2) The book is interesting. I bought it last week. (which)

The book ______ I ______ last week is interesting.

(3) Mike is a boy. We met him in Canada. (that)

Mike is a boy ______ ______ ______ in Canada.

(4) Math is the subject. I like it very much. (which)

Math is the subject ______ ______ ______ very much.

3 日本文に合うように，( )内の語句を正しく並べかえなさい。(13点×2)

(1) わたしがいちばん好きな歌手はヒロです。

(that, best, I, the, is, the singer, like) Hiro.

______ Hiro.

(2) タロウはお父さんに買ってもらったカメラを自慢にしています。

Taro (his, is, of, the camera, that, father, proud) bought him.

Taro ______ bought him.

〔実践学園高〕

英語 80

間接疑問文

Do you know where she lives ?

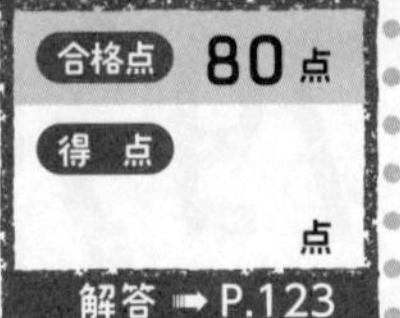

1 次の２つの文を１つの文にするとき，......に適する１語を書きなさい。（10点×4）

⑴ Do you know ? Where did Akiko visit yesterday ?

Do you know where .... yesterday ?

⑵ I don't know. When does he play tennis ?

I don't know .... tennis.

⑶ Tell me. Why did you come home late ?

Tell me .... home late.

⑷ I don't know. Whose camera is that ?

I don't know whose camera ....

2 日本文に合うように，......に適する１語を書きなさい。（12点×2）

⑴ あなたは彼がどのようにして日本語を勉強しているか知っていますか。

Do you know .... Japanese ?

⑵ わたしはこの箱の中に何が入っているのか知りたいです。

I want to know .... in this box.

3 日本文に合うように，(　)内の語句を正しく並べかえなさい。（12点×3）

⑴ どちらの道を行けばよいのか教えてもらえませんか。

Will (tell, which, we, go, you, me, should, way) ?

Will .... ?

⑵ わたしはユミコが泣いている理由を知りません。

(don't, is, why, I, know, crying, Yumiko).

....

⑶ あなたはだれが理科を教えているのか知っていますか。

(teaches, know, do, who, you, science) ?

....

81 文型

The news made us happy.

合格点 80点
得点 点

解答 ➡ P.124

1 日本文に合うように，______に適する1語を書きなさい。（11点×4）

(1) わたしたちはわたしたちの犬をシロと呼びます。

______ ______ our dog Shiro.

(2) ジョンはケイトがかばんを運ぶのを手伝いました。

John ______ Kate ______ her bag.

(3) あなたたちは部屋をきれいにしておかなければなりません。

You must ______ your rooms ______.

(4) その手紙はケンジを悲しくさせました。

The letter ______ Kenji ______.

2 次の英文を日本語にしなさい。（10点×2）

(1) Lisa found the book interesting.

[ ]

(2) Let me cook dinner today.

[ ]

3 日本文に合うように，(　)内の語句を正しく並べかえなさい。（12点×3）

(1) ヨウコの父親は，ヨウコを東京に行かせるつもりはありません。

(her, Tokyo, Yoko's father, to, go, won't, let).

______

(2) だれがあのイヌをコロと名付けましたか。

(Koro, who, that dog, named) ?

______

(3) なぜあなたはこの屋根を青く塗ったのですか。

(blue, why, you, this roof, did, paint) ?

______

英語

82 接続詞

It is so hot that I can't sleep.

1 日本文に合うように，＿＿に適する１語を書きなさい。（10点×4）

(1) アイはとても親切なのでみんなに愛されています。

Ai is ＿＿＿＿ kind ＿＿＿＿ she is loved by everyone.

(2) わたしはサッカーもテニスもできません。

I can't play either soccer ＿＿＿＿ tennis.

(3) すぐに起きなさい，そうすればバスに間に合いますよ。

＿＿＿＿ up at once, ＿＿＿＿ you can catch the bus.

(4) ケンとわたしは２人ともテレビゲームが好きです。

＿＿＿＿ Ken ＿＿＿＿ I like video games.

2 ２文がほぼ同じ内容を表すように，＿＿に適する１語を書きなさい。

（12点×2）

(1) His question is so difficult that we can't answer it.
His question is ＿＿＿＿ difficult for us ＿＿＿＿ answer.

(2) If you don't eat breakfast, you will feel sick.
＿＿＿＿ breakfast, ＿＿＿＿ you will feel sick.

3 日本文に合うように，(　)内の語句を正しく並べかえなさい。（12点×3）

(1) アレックスは弟が試合に負けたので悲しかったです。

(sad,　lost,　because,　was,　the game,　Alex,　his brother).

＿＿＿＿＿＿＿＿＿＿＿＿＿＿＿＿＿＿＿＿

(2) もし明日雨なら水族館に行きたいです。

(rainy,　want to,　it,　the aquarium,　I,　if,　is,　go to) tomorrow.

＿＿＿＿＿＿＿＿＿＿＿＿＿＿＿＿＿＿＿＿ tomorrow.

(3) ロンドンに着いたらすぐ電話してください。〔実践学園高〕

Please call (in,　me,　as,　arrive,　you,　as,　soon,　London).

Please call ＿＿＿＿＿＿＿＿＿＿＿＿＿＿＿＿＿＿＿＿.

83 現在完了進行形

I have been playing tennis since this morning.

合格点 80点
得点 点
解答 ➡ P.124

1 次の( )内から適する語句を選び，〇で囲みなさい。(8点×3)

(1) We have (be, being, been) talking about the problem for three hours.

(2) Mr. Smith has been (runs, run, running) since eight o'clock.

(3) Kenji has (been using, be used, being using) the computer for two hours.

2 次の英文を日本語にしなさい。(10点×3)

(1) Meg has been studying Japanese since nine o'clock.

[ ]

(2) Have Yoshio and his friends been cleaning the park for two hours ?

[ ]

(3) How long have you been waiting for John ?

[ ]

3 次の英文に( )内に示された語句を加えて，現在完了進行形の文に書きかえるとき，____に適する1語を書きなさい。(11点×2)

(1) Are you swimming ? (since this morning)

____ you ____ swimming since this morning ?

(2) My brother is watching TV. (for four hours)

My brother ____ ____ watching TV for four hours.

4 日本文に合うように，( )内の語句を正しく並べかえなさい。(12点×2)

(1) サオリは1時間ずっとピアノを練習しています。

(practicing, Saori, has, the piano, been, for) an hour.

____ an hour.

(2) 大阪では昨晩からずっと雨が降っていますか。

Has (since, been, in Osaka, it, raining) yesterday evening ?

Has ____ yesterday evening ?

英語 84

仮定法過去

If I had money, I could buy it.

合格点 80点
得点　点
解答 ➡ P.125

1 日本文に合うように，＿＿に適する１語を書きなさい。（8点×4）

(1) もしわたしがあなたなら，その国には行かないでしょう。
If I ＿＿＿＿ you, I ＿＿＿＿ not go to the country.

(2) もし今雨が降っていなければ，私は動物園に行くでしょう。
I ＿＿＿＿ go to the zoo if it ＿＿＿＿ not raining now.

(3) 熱心に勉強していれば，あなたはこの問題に答えられるのに。
If you ＿＿＿＿ hard, you ＿＿＿＿ answer this question.

(4) きみみたいにかっこよければなあ。
I ＿＿＿＿ I ＿＿＿＿ cool like you.

2 ２文がほぼ同じ内容を表すように，＿＿に適する１語を書きなさい。
（8点×3）

(1) I don't like animals, so I won't buy this book.
If I ＿＿＿＿ animals, I ＿＿＿＿ buy this book.

(2) We won't swim in the sea because it's not sunny.
We ＿＿＿＿ swim in the sea if it ＿＿＿＿ sunny.

(3) We would win the game with your help.
If you ＿＿＿＿ us, we ＿＿＿＿ win the game.

3 次の英文を日本語にしなさい。（11点×4）

(1) If Junko spoke English well, she would make friends with John.
[　　　　　　　　　　　　　　　　]

(2) Yoko would be involved in that traffic accident if she were not careful.
[　　　　　　　　　　　　　　　　]

(3) My grandfather would be 100 years old if he were alive.
[　　　　　　　　　　　　　　　　]

(4) If you had time, what would you do ?
[　　　　　　　　　　　　　　　　]

85 漢字・語句

合格点 80点
得点 点
解答 ➡ P.125

1 次の――線のカタカナは漢字に直し、漢字は読み方を書きなさい。（6点×10）

(1) 初日の出をオガむ。［　］
(2) 接戦で勝ってコウフンする。［　］
(3) ハイキン力をつける。［　］
(4) ショウジをはり替える。［　］
(5) 建物のモケイを作る。［　］
(6) 斬新なアイデアを出す。［　］
(7) 整理整頓を心がける。［　］
(8) 走ると気分爽快になる。［　］
(9) 簡潔、明瞭に話す。［　］
(10) 最後まで諦めない。［　］

2 次の――線の語句の意味をそれぞれ後から選び、記号で答えなさい。（10点×4）

(1) さっきまで黙（だま）って私の話を聞いていた父が、おもむろに口を開いた。［　］
ア 素早く　イ 厳格に
ウ ゆっくりと　エ きびきびと

(2) 話し方は拙（つたな）かったが、その内容は私の心を打つものだった。［　］
ア 未熟だった　イ 気まずかった
ウ 巧（たく）みだった　エ 見事だった

(3) 一人で考えていてもらちが明かないので、信頼できる友人に相談した。［　］
ア 否定的になる　イ 限界がある
ウ 進展しない　エ おもしろくない

(4) やるべきことを先送りにしていると、にっちもさっちもいかない状況になる。［　］
ア どちらにも　イ どんなことでも
ウ どれを取っても　エ どう工夫しても

同訓異字・同音異義語

合格点 80点
得点 点
解答 ➡ P.125

1 次の――線のカタカナを漢字に直すとき、（　）のうちどれを用いますか。〇をつけなさい。（5点×10）

(1) 友だちとアう。（合　会）
(2) アタタかい牛乳。（温　暖）
(3) 薬がキく。（効　利）
(4) 操作をアヤマる。（謝　誤）
(5) 病気をナオす。（治　直）
(6) 勉強をハジめる。（始　初）
(7) 台風にソナえる。（供　備）
(8) 仕事にツく。（付　着　就）
(9) 学力向上にツトめる。（努　勤　務）
(10) 小説をアラワす。（表　現　著）

2 次の――線のカタカナを漢字に直すとき、（　）のうちどれを用いますか。〇をつけなさい。（5点×10）

(1) タイショウ的な性格。（対象　対照）
(2) シュウチの事実。（周知　衆知）
(3) イギのある人生。（意義　異議）
(4) 友人をショウカイする。（紹介　照会）
(5) 犬のシュウセイを知る。（修正　習性）
(6) 情景をソウゾウする。（創造　想像）
(7) ホケンをかける。（保健　保険）
(8) キカイ体操の選手。（機会　機械　器械）
(9) 損害をホショウする。（保証　保障　補償）
(10) セイサンのある計画。（生産　成算　清算）

敬語

合格点 80点　得点　　点

解答 ➡ P.126

1 次の――線の敬語は、ア「尊敬語」、イ「謙譲語」、ウ「丁寧語」のどれにあたりますか。記号で答えなさい。（5点×10）

(1) 明日、お宅に伺います。〔　〕
(2) 午後はいらっしゃいますか。〔　〕
(3) 向こうから先生が来られました。〔　〕
(4) おふろをわかします。〔　〕
(5) お客様、こちらへどうぞ。〔　〕
(6) 今、部屋におります。〔　〕
(7) ゆっくりご高覧ください。〔　〕
(8) 先生にきちんとご挨拶する。〔　〕
(9) きのうお会いしました。〔　〕
(10) いただいた桃は、おいしかったです。〔　〕

2 次の――線の敬語の使い方は正しくありません。それぞれ正しい使い方に直しなさい。（10点×5）

(1) 今、先生から指摘してもらったことが生かせるよう、本番に向けて準備したいと思います。〔　〕
(2) 先生、「明日、学校に伺います」と、母が言っておりました。〔　〕
(3) 社長が亡くなったと、お聞きになりましたが、本当ですか。〔　〕
(4) 校長先生は、今昼ごはんを食べている。〔　〕
(5) お父さんが、明日先生にお電話をさしあげます。〔　〕

国語

88 まぎらわしい品詞の識別

合格点 80点
得点　　　点
解答 ➡ P.126

1 次の各文の――線の言葉と文法的性質が同じものを選び、記号で答えなさい。（10点×10）

(1) 明日はテストがあるそうだ。［　　］
ア どうやら勝ちそうだ。
イ 彼女（かのじょ）は悲しそうだ。
ウ 今年の予算は苦しいそうだ。

(2) 作文の内容について、先生にほめられた。［　　］
ア 泥棒に逃げられた。
イ 先生らしき方がバスを降りられた。
ウ 教えてもらわなくても答えられた。

(3) 工事は今日完成した。［　　］
ア 張りつめた気持ちで待っている。
イ 彼（かれ）はいま帰ったよ。
ウ タクラマカン砂漠（さばく）に行ったことがある。

(4) 家からここまでどのくらいかかりますか。［　　］
ア 太陽は東から昇り、西に沈む。
イ ちょっとした不注意から事故は起きる。
ウ プラスチックは石油から作られている。

(5) 雪の降っている朝は静かだ。［　　］
ア もうすっかり春だ。
イ 旅行の準備が済んだ。
ウ 彼女はいつもさわやかだ。

(6) 去年の夏より今年の夏のほうが暑かった。［　　］
ア 暖炉（だんろ）のそばの柱によりかかった。
イ 南よりの風が吹くと予想されていた。
ウ 実際に試すと、思ったより簡単だった。

(7) 確実に伝わるように連絡してください。［　　］
ア うれしそうに話をする。
イ 桜の花がみごとに咲（さ）いている。
ウ 鳥がまさに飛び立とうとしている。

(8) どんなことでも最後まであきらめない。［　　］
ア 認めることができない。
イ 不思議だというほかはない。
ウ すこしもありがたくない。

(9) 子どもたちが遊んでいるのが見える。［　　］
ア あなたの探している物はこれですか。
イ そこへ行ったのは確か秋ごろだった。
ウ 机の落書きはもともとあったものだ。

(10) 案内された部屋はきれいで広かった。［　　］
ア 遠足は雨で中止された。
イ あの人は親切で優しい人だ。
ウ 映画は三時で終わると聞いた。

小　説①

合格点 75点
得点　　点
解答 ➡ P.126

1 次の文章を読み、後の問いに答えなさい。

「それで君は、わざわざこれを①届けに来てくれたってわけだ。」若い警察官は春の陽差し(ひざし)が揺ら(ゆら)ぐポリスボックスの入り口に立つ少年を見た。少年はこくりとうなずき、大きな目を見開いて警察官を見返した。少女のように深く黒い眸(ひとみ)にじっと見つめられると、警察官は少し胸が②どぎまぎした。警察官は机の上に置いた少年の届け物を手に取り、今しがた少年の言った言葉を思い返した。『これを拾ったので届けに来ました。こんな綺麗(きれい)な人形だから、なくした人は探していると思うんだ。』

確かに少年が言うように、その人形は美しい青色をしたガラスでできていた。透(す)き通った空のようなガラス細工はどこか外国製のものかもしれないが、帽子(ぼうし)の一部をなくした人形を持ち主が捨てたと考える方が当たり前に思えた。③さてどうしたものか……、警察官はもう一度少年を見直した。

（伊集院(いじゅういん)　静(しずか)「ぼくのボールが君に届けば」）

(1) ——線①とあるが、少年が人形を届けたわけとして最も適切なものを次から選び、記号で答えなさい。（25点）［　　］

ア 人形の帽子の一部がなくなっているから。
イ なくして探している人がいるから。
ウ 人形がガラスでできていたから。
エ ポリスボックスの前を通ったから。

(2) ——線②は、どのような様子を表した表現ですか。最も適切なものを次から選び、記号で答えなさい。（25点）［　　］

ア 悲しみにうちひしがれている様子
イ 気持ちが明るく弾(はず)んでいる様子
ウ 感動して涙(なみだ)がこみあげてくる様子
エ 不意をつかれて平静さを失う様子

(3) ——線③のように思ったのはなぜですか。説明しなさい。（50点）

［　　　　　　　　　　］

〔静岡・岡山―改〕

小説②

月　日

合格点 70点
得点 　点

解答 ➡ P.126

1 次の文章を読み、後の問いに答えなさい。

夏は少年にとって大きな①脱皮の季節なのだろう。ひと夏を過ぎると、少年はまたひとつ変わっていくのだ。

私がいままでずっと風呂場で刈っていた素人床屋をいやがるようになったのはシベリア横断の旅から帰ってすぐの頃だった。ボサボサに伸びた頭を見て、私はいつものように「そろそろ頭刈ろうか」と気軽なかんじで言ったのだ。

すると岳は「まだいいよ」と、②私の顔を見ずに言った。

二回目に頭の話をしたのは夏休みに入る直前だった。

「さあ、そろそろ頭刈ろう」

と、私は言った。すると岳はそのときも私の顔を見ずに「まだいいよ」と言ったのだ。しかしその頭はもうどこから見ても「まだいいよ」という状態ではなかった。

「まだいいよじゃないよ、来い。一緒に風呂場に来い！」

と、私はなんだか妙にいら立ちながら、③私を見ようとしないやつの顔をにらみつけた。

（椎名　誠「続　岳物語」）

(1) ――線①はどのようなことをたとえていますか。説明しなさい。（40点）

[　　　　　　　　]

(2) ――線②のときの岳の気持ちの説明として最も適切なものを次から選び、記号で答えなさい。（30点）　[　　]

ア 久しぶりに会って恥ずかしく思っている。
イ 私に対してささやかな抵抗を試みている。
ウ 自分のことで忙しくて私に無関心でいる。
エ 家族のことを考えていない私を批判している。

(3) ――線③のときの私の気持ちとして最も適切なものを次から選び、記号で答えなさい。　[　　]（30点）

ア 岳に対してむきになっている。
イ 岳をこらしめてやろうとしている。
ウ 思うようにならず不安に思っている。
エ 岳の意外な態度にびっくりしている。

〔鳥取―改〕

小説③

合格点 70点
得点　　点

解答 ➡ P.126

1 次の文章を読み、後の問いに答えなさい。

「あなた、お願い。一真の言うことを。」
「おまえは口をはさむな。」
祥子の言葉をぴしゃりと遮って、一成はもう一度、息子を見つめた。
「描きたいものが、あるわけか。」
「うん、ある。人物なんだけど、①どうしても描きたい人がいるんだ。」
「自分で選んだ道をなんて、そんなに甘いものじゃないぞ。いつまでも夢だけじゃ生きていけない。現実は厳しい。おまえが思っている何十倍もな。」
②わかっているとは答えられなかった。現実の過酷さも非情さも、何一つ知らないのだ。でも、描きたかった。描くことを諦めたくはなかった。諦めるつもりもなかった。
「好きにしろ。」
一成が立ち上がる。ふいっと横を向いた。
「そのかわり、自分で道を選んだのなら泣き言は言うな。失敗しても挫折しても、誰かのせいにはできんのだ。」
③今度は答えられた。
「わかってる。」

（あさのあつこ「一年四組の窓から」）

(1) ――線①とありますが、その気持ちが具体的に書かれているひと続きの二文を探し、初めと終わりの五字を書きなさい。（30点）

［　　　　　］～［　　　　　］

(2) ――線②とありますが、それはなぜですか。説明しなさい。（40点）

［　　　　　　　　　　］

(3) ――線③とありますが、その理由として最も適切なものを次から選び、記号で答えなさい。（30点）

ア 投げやりな一成の態度に反発を覚えたから。
イ 好意的に受け入れてもらえて安心したから。
ウ 一成の話を聞き、現実を理解できたから。
エ 途中で投げ出さずに進む覚悟ができたから。

［　　］

〔東京―改〕

随筆①

合格点 70点　得点 点

解答 ➡ P.126

1 次の文章を読み、後の問いに答えなさい。

「藍が生きている如く、①樹も木となってなお生きつづける」ということばがきを添えて、紀州の人が、宮大工の棟梁の西岡常一さんの話を伝えて下さった。非常に面白く、読みながら何度かうなずいたが、一方では人間は自然に対して深い洞察力をあたえられながら、②ある時点から、全く逆の方向にむけて進んでしまったのではないかと慄然とする思いだった。樹齢千年以上の檜は、管理をあやまらなければ二千年保つという。コンクリートは末代物と思われているが、どんなに上手に打っても百年の命だという。

宮大工の口伝の中に、③「木を買わず、山を買え」があるが、一つの山で育った木で一つの寺、一つの塔を建てよということだという。木曽、吉野、四国と、違った山の木を混ぜて使ってはならない。同じところで育った木は、たとえくせがあっても、力は揃っているというのである。

（志村ふくみ「木のはなし」）

(1) ――線①とはどういうことですか。説明しなさい。（30点）

［　　　　］

(2) ――線②の説明として最も適切なものを次から選び、記号で答えなさい。（30点）［　　］

ア 人間が自然と共生しはじめた時点
イ 人間が自然を操作できると考えた時点
ウ 人間が自然の驚異に気づいた時点
エ 人間が自然を知ろうと考えはじめた時点

(3) ――線③とは、どういうことですか。［　　］にそれぞれ適切な言葉を書きなさい。（10点×4）

［　　］や塔などを［　　］のに、［　　］を［　　］てはいけない。

〔久留米大附高―改〕

国語

93 随　筆②

合格点 70点
得点　　点
解答 ➡ P.127

1 次の文章を読み、後の問いに答えなさい。

「雑草のようにたくましい」「雑草のように生命力が強い」という表現が、ほめ言葉としてよく使われる。でも「雑草のようにかわいい」とはぜったいに使われない。「あなたは雑草の花のようですね」などと言おうものなら、九九パーセント相手をまちがいなく怒らせるにちがいない。言い方にもよるけれど、①私なら残りの一パーセントの部類に入る。

（中略）

雑草の花が目だたない、したがって美しく見えない理由は、人間の粗雑な日配りのせいだというほうが真実に近いだろう。もし私たちが蜂の目や蝶の目をもって眺めれば、雑草もバラの花のように美しく見えるはずである。

このように私たちのほかの動植物に対する価値判定は、もっぱら人間中心に行われている。でも②そのような見方や考え方が、今日のような自然破壊や③灰色の町並みをもたらしてきてしまったとは言えないだろうか。

（加藤幸子「私の自然ウオッチング」）

(1) ——線①「私なら……入る」という表現から、私が何に対してどのように思っているのかを書きなさい。（30点）

［　　　　］

(2) ——線②「そのような見方や考え方」の指している内容を、二十字以内で書きなさい。（40点）

(3) ——線③「灰色の町並み」にあたる景観として最も適切なものを次から選び、記号で答えなさい。（30点）　［　　］

ア 雲がかかりどんよりとくもった町の景観
イ 鉄やコンクリートに固められた町の景観
ウ くすんだ色のビルが立ち並ぶ町の景観
エ 人があまり通らない殺風景な町の景観

説明・論説文 ①

合格点 70点
得点　　点
解答 ➡ P.127

1 次の文章を読み、後の問いに答えなさい。

　人間の言葉には、大きく分けて話す言葉と書く言葉、すなわち「言(はなしことば)」と「文(かきことば)」があります。

　当然のことながら、長い人類の歴史においては文字のない時代があり、また現在においても、文字をもたない民族・部族もあることでしょう。あるいは、現在の我々も日常生活の過半は「文(かきことば)」なしに大半を過ごしているともいえます。したがって、①人間にとって最も本質的な言葉はあくまで「言(はなしことば)」です。ところが人類は、歴史の②ある段階で「文字」を獲得しました。といっても、二百万年を超える人類史から見ればごく最近のことで、中国でいえば今から三千四百年ほど前(紀元前一四〇〇年ごろ)の殷(いん)の時代であり、エジプトやメソポタミアでもせいぜい四千年から四千五百年ほど前のことです。

　しかし、文字を獲得することによって、人間は飛躍的な広がりと加速度的な速さで、文明というものを築き上げました。そのことの功罪はむろんいろいろとありますが、人類は③その恩恵を受けつつ現在にいたっています。

（石川九楊(いしかわきゅうよう)「日本語の手ざわり」）

(1) ——線①「人間に…『言』です」というのはなぜですか。次から適切でないものを一つ選び、記号で答えなさい。(30点)

ア 文字のない時代があったから。
イ 文字をもたない民族・部族がいるから。
ウ 人類の発展に文字は不可欠だったから。
エ 日常生活では文字なしで過ごすことも多いから。

［　　］

(2) ——線②「ある段階」が具体的に表されている箇所の初めと終わりの五字を書きなさい。(40点)

［　　　　　］～［　　　　　］

(3) ——線③「その恩恵」とありますが、ここでの恩恵にあたるものを文中から一語で抜(ぬ)き出しなさい。(30点)

［　　　　］

〔宮崎—改〕

説明・論説文②

合格点 70点
得点　　点
解答 ➡ P.127

1 次の文章を読み、後の問いに答えなさい。

日本のように雨が多く降り、それが生活に密接な関係を持つ国では、雨に関して、小雨、氷雨、春雨、五月雨、梅雨、秋雨、時雨、*風花、*野分その他、実に多くの言葉を持つ。しかもそれぞれに特別な情趣までまつわりついている。このように、①その社会で必要があるときには言葉は豊富さを加え、その社会に特定の物や観念が欠けていれば、それを指す言葉はない。

日本人は、タテという言葉で、垂直という観念と、前方後方に一直線という観念とを表す。しかし英語にはこの二つの観念を一つの言葉で表しうるものはないらしい。日本語のヨコは、上下垂直に対して水平面上の左右の方向をいい、また、②はずれた方向という意味を指すけれども、英語には一語でこの二つの観念を表す言葉はないようだ。また、シブイ趣味という言葉があるが、シブイは本来、物の味についていう言葉である。英語には味の渋さを表す言葉はいくつかあるが、それが「③地味で上品な味わいを持つ」という意味に転用されることはないらしい。

（大野晋「新版 日本語の世界」）

＊風花＝風がさっと吹き、雪や雨がぱらつくこと。
＊野分＝九月上旬ごろに吹く暴風。台風。

(1) ——線①「その社会……加え」とありますが、このことを日本社会の雨の例を用いてわかりやすく説明しなさい。（40点）

［　　　　］

(2) ——線②「はずれた方向という意味」で「横」が用いられているものを次から選び、記号で答えなさい。（30点）

ア 横しまな考え　**イ** 横のつながり
ウ 横に長い　**エ** 横から口をはさむ

［　　］

(3) ——線③「地味で……ない」とありますが、英語で転用されることがないのは、その社会では何がどうであるからと考えられますか。文中の言葉を用いて説明しなさい。（30点）

［　　　　］

月　日

96 説明・論説文③

合格点 70点
得点　　点

解答 ➡ P.127

1 次の文章を読み、後の問いに答えなさい。

　私たちは、自然災害や人工物のもたらす危険だけでなく、社会自体の中に含まれている不安の原因をも背負い込んで生きています。

　①そのことは、「安全―危険」、「安心―不安」という構図の中にある区別や意味を少しはっきりさせなければならないところへ、私たちを誘（さそ）います。言い換（か）えれば、危険が除かれ安全になったからといって必ずしも安心は得られない、ということにもなります。②この点をついています。例えば、「杞憂（きゆう）＊」という概念は、まさしく、誰も天が崩れ落ちるという「危険」の可能性をまともに考えません。それでも、問題の杞の人の「□」を取り除くことはできないのでしょう。

（村上陽一郎（むらかみよういちろう）「安全と安心の科学」）

＊杞憂＝取り越し苦労。古代中国の杞の国の人が、天が崩れ落ちるのを心配したという故事に基づく。

指示語の指す内容を、正確につかみとろう。

(1) ――線①とはどのようなことですか。次から最も適切なものを選び、記号で答えなさい。（30点）
［　　］

ア 不安の元となるものを抱え込んでいること。

イ 交通事故などの危険にさらされていること。

ウ 社会全体が安心できない状況にあること。

エ 他人に頼らず責任を一人で引き受けること。

(2) ――線②とはどのような点ですか。「……という点」に続くように、文中の言葉を用いて二十字以内で書きなさい。（40点）

［　　　　　　　　　　］という点

(3) □に入る語を文中から抜（ぬ）き出しなさい。

［　　　］（30点）

〔佐賀―改〕

説明・論説文④

合格点 80点
得点　　点
解答 ➡ P.127

1 次の文章を読み、後の問いに答えなさい。

私たち日本人の祖先は自然美を師にその美しさを模倣（もほう）し、その美しさを自分たちの手で書き記したり、絵を描き記録しようとした。この日本人の創造の心が、①自然主義的な美意識を育み、世界に誇る日本の美術・工芸品をつくりあげてきた。私たちは日常、自然界のさまざまな形に接し、生命の尊さや内に秘めた自然のエネルギーを感じとる幼児体験をつみ重ねながら、②形の美しさを受けとめる感性を培ってきた。このように感性の形成には自然界のつくりだす形の影響が深くかかわっていると思われる。

日本の文化は根底に自然が在り、自然主義といわれるわけも、よく理解できる。水墨画（すいぼくが）や山水画とよばれる東洋画に現れた東洋の自然思想、ことに日本人の自然観は、自然と接しながらも自然は人間と対峙（たいじ）する関係にあり、つねに自然を征服しようとする人間の強い意志が文化の裏側に脈々と流れている西洋の思想とは③まったく正反対である。

（三井秀樹（みついひでき）「形の美とは何か」）

(1) ——線①とはどのようなものですか。最も適当なものを次から選び、記号で答えなさい。（30点）　［　　］

ア 人間の自然な感情を尊重し、それを素直に描写（びょうしゃ）することで、美を表現しようとする意識

イ 身近にある自然をみつめて、そこに美を発見し、素材や題材とする中から育まれた意識

ウ 自然を人工的なデザインに取り入れ、減少する自然界の美を少しでも残そうとする意識

エ 虫や花の精密さを観察した経験をいかし、自然科学によって美を確かめようとする意識

(2) ——線②は、どのようにつくられると言っていますか。文中の語句で［　］を埋めて文を完成させなさい。（10点×5）

［　　］の頃から［　　］のさまざまな形に含まれた［　　］や［　　］を感じる［　　］をくり返す。

(3) ——線③の関係にあるものは、何と何ですか。文中から抜き出しなさい。（10点×2）

［　　］と［　　］

〔日本女子大附高—改〕

説明・論説文⑤

合格点 80点
得点　　点
解答 ➡ P.127

1 国語の授業で、「日本語の使い手として」というテーマで、討論会を行うことになりました。あなたは「外来語」について意見を述べます。次の資料をもとに、あなたの意見を後の【条件】に従って書きなさい。（100点）

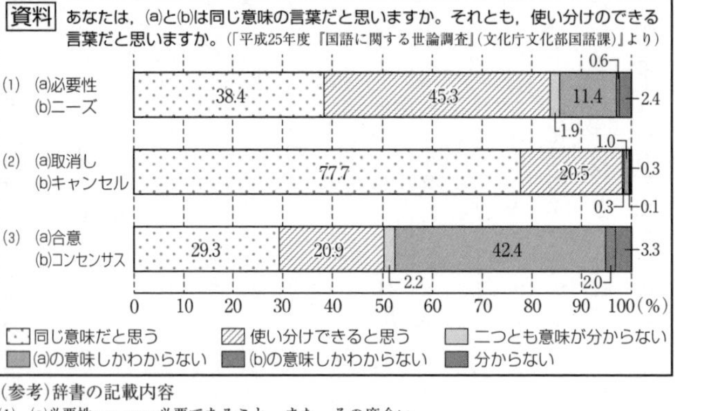

（参考）辞書の記載内容
(1) ⓐ必要性…………必要であること，また，その度合い。
　ⓑニーズ…………必要。要求。需要。
(2) ⓐ取消し…………書いたり述べたりしたことや，いったん決まったことを打ち消して，無かったことにすること。
　ⓑキャンセル……取り消すこと。契約や予約を破棄すること。解約。
(3) ⓐ合意……………意志が一致すること。
　ⓑコンセンサス…意見の一致。合意。

【条件】
1、二段落構成とし、第一段落はあなたの意見を、第二段落は、その意見の根拠を、資料をもとに書く。ただし、資料は一部の使用でもよい。
2、原稿用紙の使い方に従い、百八十字以上、二百二十字以内で書く。

180
220

（富山―改）

詩・短歌・俳句 ①

合格点 75点
得点 　点
解答 ➡ P.128

1 次の詩を読み、後の問いに答えなさい。

詩人の言葉　丸山　薫

1 いまは亡き中原中也が言った
「海には人魚はいないのです
　海にいるのは
　あれは波ばかりです」と

2 この言葉は不思議に
私の胸に生き生きしている
この言葉を繰りかえして唱えると
言葉のあわい＊から人魚の顔が覗いて出る

3 この言葉を呟きながら
去りし日の南の航海を想い起こすと
海づらの青い高まりに
無数の人魚の手と尾が見え隠れする

4 また　曇り日の荒磯に佇って
この言葉をぼんやり考えていれば
うちよせる泡のはじけが
みんな人魚の溜息にきこえる

5 いまは亡き中原中也が私に遺した
波という言葉は人魚になった
人魚という言葉は
波になった

（詩集「青春不在」より）

＊あわい＝間。すきま。

(1) 5（連の番号）で用いられている表現技法を次から選び、記号で答えなさい。（25点）

ア 擬人法　**イ** 倒置法
ウ 反復法　**エ** 対句法

［　　］

(2) 次の鑑賞文中の A ～ C に入る最も適切な言葉を、詩の中からそれぞれ五字以内で抜き出して書きなさい。（25点×3）

　この詩は、中原中也の「北の海」という詩をもとに、丸山薫が作ったものである。 A とあるように、中原とはもう話すことはできない。しかし、中原が残した詩の言葉を繰り返し味わうと、丸山の心の中には、中原が B と言ったはずの存在が逆に浮かんでくるのだ。時を超えて、読む人の心に新たなイメージを作り上げる。詩人が発する言葉は、こうした C な感動を呼ぶ力を持っているのであろう。

A［　　　　　］
B［　　　　　］
C［　　　　　］

〔岩手―改〕

詩・短歌・俳句 ②

1 次の文章を読み、後の問いに答えなさい。

A　あききぬとめにはさやかに見えねども風のおとにぞおどろかれぬる　藤原敏行

『古今集』秋の歌の巻頭にあるこの歌は秋の訪れを知らせる風の音にはっと驚いたという歌である。そればかりではない。読者はこの歌にはっと驚く。なるほど、詠われているとおり秋の訪れは目には見えないが、たしかに風の音でわかる。まさに詩の原点を示している歌だろう。

貞享三年（一六八六年）春、深川の芭蕉庵で

蛙飛こむ水のおと

とつぶやいたまま、さてこの上五＊を何としたものか、ほんのしばらく沈思＊したとき、芭蕉はこの句のはっと驚く上五を探していた。やがて「古池や」という上五が見つかって

B　古池や蛙飛こむ水のおと

という句が生まれたとき、そこに居合わせた数人の人々はそれこそはっと息をのんだ。その驚きは「古池や蛙飛こむ水のおと」という句への驚きであったとともに、ここで芭蕉が新しい句風を開いたことへの驚きでもあった。

（長谷川櫂「古池に蛙は飛びこんだか」）

＊上五＝上の句の五字。　＊沈思＝深く考えこむこと。

(1) Aの短歌では、視覚と聴覚の二つの面から秋の訪れを表現しています。それぞれの内容を、筆者の解釈文から七字で抜き出しなさい。（20点×2）

視覚 ［　　　　　　　］
聴覚 ［　　　　　　　］

(2) Bの俳句と同じ季節をよんだものを次から選び、記号で答えなさい。（20点）［　　］

ア しづかさや岩にしみ入るせみの声
イ 草の戸も住み替はる代ぞひなの家
ウ 荒海や佐渡によこたふ天の河
エ 旅に病んで夢は枯野をかけめぐる

(3) Bの俳句から切れ字を抜き出しなさい。（20点）［　　］

(4) ――線「句風」に使われている「風」は、どのような意味を表していますか。最も適切なものを次から選び、記号で答えなさい。（20点）［　　］

ア 手法　**イ** 気質　**ウ** 慣習　**エ** 指導

〔和歌山―改〕

古文①

合格点 70点　得点　　点

解答 ➡ P.128

1 次の古文を読み、後の問いに答えなさい。

うぐひすは、巣を作る事はなはだうつくしく、＊篠の葉を人の髪筋にてまとひ（人の髪の毛でまきつけてあり）、その形はまろく（丸くて）して底ふかく、＊餌ふごのかたちに似たり。鳩、これをならはんとて（まねようと思って）、うぐひすに近づきて、巣の①作りやうを見るに、ほそき竹ぎれ、＊柴の折れを下に渡し（折れた枝を下にかけ渡し）、その上に巣をかくる。それまでも見とどけず、竹、柴を渡したるばかりを見て、②もはや心得たりと思ひ、をのれ（自分が）巣を作る時は、木の枝に柴の折れ四、五本を渡し、その上に木の葉をしきて卵を生む。卵、柴の折れを渡したるあひだよりもれ落ちて（こぼれ落ちて）、打ちくだけて（粉々にわれて）育ちがたし。＊口伝も＊師伝も受けずして（受けないで）、ただ見及び聞き及びたるにまかせて、根に入らぬわざどもを、知らぬことなくおぼえ顔なるは、鳩の巣にたとへたり。

（浅井了意「浮世物語」）

＊篠＝むらがって生える細い竹。
＊餌ふご＝鳥のえさを入れる竹籠。
＊柴＝山野に生える小さな雑木。
＊口伝・師伝＝師匠が弟子に重要な教えを授けること。口づたえで行うものを口伝という。

(1) ――線①を現代仮名遣いに直し、ひらがなで書きなさい。（30点）［　　］

(2) ――線②の現代語訳として最も適切なものを次から選び、記号で答えなさい。（30点）［　　］

ア　やっぱり手順が面倒だ

イ　よし仕事は引き受けた

ウ　もうやり方は分かった

エ　すでに作業が終わった

(3) 作者が述べようとしていることとして最も適切なものを次から選び、記号で答えなさい。（40点）［　　］

ア　人のまねばかりをすると、自分らしさを見失ってしまうこと。

イ　いいかげんな仕事をすると、あとでその報いを受けること。

ウ　何事も、確かな技術をもつ専門家に任せるべきであること。

エ　中途半端な知識や技能にたよると、かえって失敗すること。

〔大分―改〕

古文②

合格点 80点
得点 点
解答 ➡ P.128

1 次の古文を読み、後の問いに答えなさい。

南都に、歯取る唐人ありき。ある在家人の、慳貪にして、利養を先とし、事に触れて、商ひ心のみありて、徳もありけるが、虫の食ひたる歯を取らせむとて、①唐人がもとに行きぬ。歯一つ取るには、銭二文に定めたるを、「一文にて取りてたべ」と云ふ。少分の事なれば、ただも取るべけれども、②心様の憎さに、「ふつと、一文にては取らじ」と云ふ。やや久しく論ずる程に、おほかた取らざりければ、「さらば三文にて、歯二つ取り給へ」とて、虫も食はぬに良き歯を取り添へて、二つ取らせて、三文取らせせつ。心には利分とこそ思ひけめども、疵なき歯を失ひぬる、大きなる損なり。此は申すに及ばず、③大きに愚かなる事、嗚呼がましきわざなり。

（無住「沙石集」）

＊南都＝奈良。　＊唐人＝大陸から来た人。
＊在家人＝出家していない人。
＊慳貪＝けちで欲ばりな様子。　＊利養＝利益。
＊徳＝財産。　＊たべ＝「給へ」の少しくだけた言い方。

(1) ――線①の意味として最も適切なものを次から選び、記号で答えなさい。（15点）〔　　〕

ア 唐人が在家人のもとに行った
イ 唐人は在家人のもとに行かなかった
ウ 在家人が唐人のもとに行った
エ 在家人は唐人のもとに行かなかった

(2) ――線②の説明として、次の文の内容が正しくなるように、A には適切な語を書き、B と C にはあてはまる語を本文から抜き出して書きなさい。（15点×3）

A にもかかわらず、歯一本を抜くわずか B の代金を C に値切ろうとする根性。

A〔　　〕
B〔　　〕
C〔　　〕

(3) ――線③に相当する事実を二点に分けて整理し、現代語でそれぞれ十字以上十五字以内で書きなさい。（20点×2）

〔秋田―改〕

漢文・漢詩 ①

合格点 80点
得点　　点

解答 ➡ P.128

1 次の漢詩と書き下し文を読み、後の問いに答えなさい。

黄鶴楼にて孟浩然の広陵に之くを送る　李白

（起句）故人西のかた黄鶴楼を辞し
故人西辞黄鶴楼

（承句）煙花三月揚州に下る
煙花三月下揚州

（転句）孤帆の遠影碧空に尽き
孤帆遠影碧空尽

（結句）唯だ見る長江の天際に流るるを
唯見長江天際流

＊黄鶴楼＝今の湖北省武漢市のほとりにある高い建物。
＊孟浩然＝六八九～七四〇　唐代の詩人。
＊李白＝七〇一～七六二　唐代の代表的な詩人の一人。
＊揚州＝長江下流にある都。広陵のこと。

漢詩の詩形やよく使われる語の意味を覚えよう。

(1) この詩のように、七文字四句からなる漢詩の形式を何というか、書きなさい。（20点）
［　　　］

(2) ――線「故人」の意味として最も適切なものを次から選び、記号で答えなさい。（20点）
ア 古くからの親友　イ 亡くなった人
ウ さすらいの旅人　エ 遠い親類
［　　　］

(3) この詩の転句（三句目）を意味の上で一か所区切る場合、どこで区切るのが適当ですか。例にならって／を書き入れなさい。（30点）
例 江碧／鳥逾白
［孤帆遠影碧空尽］

(4) この詩に歌われている作者の心情として最も適切なものを次から選び、記号で答えなさい。（30点）
ア 旅立ちの不安　イ 都への愛着
ウ 別離の悲しさ　エ 自然へのあこがれ
［　　　］
〔徳島―改〕

月　日

漢文・漢詩②

合格点 70点
得点　　点
解答➡P.128

1 次の漢文Ⅰとそれについての古文による解説Ⅱを読み、後の問いに答えなさい。

Ⅰ　①山高キガ故ニ不レ貴カラ、以テレ有ルヲレ樹為スレ貴シト。

Ⅱ　山はたかきほどにとて、たつときものにはあらず、ただうへ木のおほくあるをもちて、たつとしとするなり。およそうへ木と云ふものは、長大になりては、②あるひは人のおるべき家をつくり、あるひはたきぎとして食物をあたため、人間の所用となるなり。もし樹木なきときは、人の身をはごくみそだつること、かなふべからず。又草もなく木も生ぜぬ不毛の地なれば、禽獣もそだちがたし。かるがゆゑに、山に樹木あるときは鳥けだものの身をかくし、材木としては人間の舎宅となる也。

（「実語教諺解」）

＊うへ木＝樹木。山に生えている木。
＊はごくみそだつること＝守り育てる。
＊禽獣＝鳥や獣。
＊かるがゆゑに＝だから。
＊舎宅＝家屋。

(1) ――線①について、┈┈線部を参考にして返り点をつけなさい。（20点）

［山　高キガ　故ニ　不　貴カラ］

(2) ――線②を現代仮名遣いで書きなさい。（20点）

［　　　］

(3) ═線「以有樹為貴」のようにいえるのはなぜですか。解説Ⅱを参考にして、最も適切なものを次から選び、記号で答えなさい。（30点）

ア　多くの動物や植物が共存する自然が手つかずで昔のままに残されているから。
イ　山林の持ち主が木材を売買することで財産を増やしていくことができるから。
ウ　鳥獣が天敵の心配をせずに巣作りや子育てをする場所が確保されているから。
エ　人間が生きていくうえで必要なものや動物の生活の場を提供してくれるから。

［　　　］

(4) 次のうち、漢文Ⅰで述べていることに合っているものを選びなさい。（30点）

ア　物事は外見よりも実質によって判断すべき。
イ　物事は過程よりも結果によって判断すべき。
ウ　人間は能力よりも性格によって判断すべき。
エ　人間は地位よりも財産によって判断すべき。

［　　　］

〔岩手―改〕

解答編 5科1～3年

数学

▶数と式

1 正の数・負の数

❶ (1) -21　(2) 7.2　(3) $-\frac{2}{3}$　(4) 1

❷ (1) 21　(2) -6　(3) $\frac{15}{4}$　(4) -36

❸ (1) 10　(2) 61　(3) -4　(4) 13

❹ (1) $2^2\times3$　(2) $2^3\times5$　(3) $2^2\times3\times7$

解説

❶ (4) $-6-(-4)+(-2)+5$
$=-6+4-2+5=4+5-6-2=9-8=1$

❷ (4) 累乗を先に計算する。
$32\div(-2)^3\times(-3)^2=32\div(-8)\times9$
$=-36$

❸ (4) $6+(-30+4^2)\div(-2)$
$=6+(-30+16)\div(-2)$
$=6+(-14)\div(-2)=6+7=13$

❹ (1) $12=2\times2\times3$
(2) $40=2\times2\times2\times5$
(3) $84=2\times2\times3\times7$

2 式の計算

❶ (1) $-5x$　(2) $3a-2$　(3) $-6a+2b$
(4) $-3x-5y$　(5) $16x-15y$
(6) $\frac{11}{12}a$

❷ (1) $14a^3b^2$　(2) $-2x^2y$　(3) $-27y$
(4) $-3a^3b$

❸ (1) 32　(2) $y=\frac{5}{9}x-\frac{4}{9}\left(y=\frac{5x-4}{9}\right)$

❹ $130a+210b\leqq1000$

解説

❷ (4) 乗除の混合計算は，分数の形になおして計算する。累乗は先に計算する。
$3a^2b^3\times(-2a)^2\div(-4ab^2)$
$=3a^2b^3\times4a^2\div(-4ab^2)$
$=-\frac{3a^2b^3\times4a^2}{4ab^2}=-3a^3b$

❸ (1) $48ab^2\div(-4b)=-12ab$
この式に $a=-8$，$b=\frac{1}{3}$ を代入する。

3 式の展開

❶ (1) $5a^2+15ab$　(2) $4x^2-2xy$

❷ (1) $ab+2a+6b+12$
(2) $x^2-xy+7x-2y+10$
(3) $x^2+11x+28$　(4) $a^2+3a-54$
(5) $a^2+16a+64$　(6) $x^2-10x+25$
(7) x^2-36　(8) $a^2-\frac{9}{16}$

❸ (1) $16x^2-28x+10$
(2) $25a^2+40ab+16b^2$
(3) $\frac{4}{9}x^2-4xy+9y^2$　(4) $4x^2-\frac{1}{25}$

❹ (1) $2x^2-x+28$　(2) $3x^2-x-38$

解説

❷ (3) $(x+7)(x+4)=x^2+(7+4)x+7\times4$
$=x^2+11x+28$
(5) $(a+8)^2=a^2+2\times8\times a+8^2$
$=a^2+16a+64$
(6) $(x-5)^2=x^2-2\times5\times x+5^2$
$=x^2-10x+25$
(7) $(x+6)(x-6)=x^2-6^2=x^2-36$

4 因数分解

❶ (1) $3a(a-4b)$　(2) $(x+2)(x+4)$
(3) $(x-1)(x-6)$　(4) $(x+6)^2$

(5) $(x+9)(x-9)$
(6) $(x+3y)(x-7y)$
(7) $(a-9b)^2$ (8) $4(a+2b)(a-2b)$

❷ (1) 10816 (2) 9996 (3) 280 (4) 75

❸ 400

解説

❶ 次の因数分解の公式を利用する。

(2)(3)(6) $x^2+(a+b)x+ab=(x+a)(x+b)$

(4) $x^2+2ax+a^2=(x+a)^2$

(7) $x^2-2ax+a^2=(x-a)^2$

(5) $x^2-a^2=(x+a)(x-a)$

まず共通因数をくくり出し，次に因数分解の公式を利用する。

(8) $4a^2-16b^2=4(a^2-4b^2)=4(a+2b)(a-2b)$

❷ (1) $(100+4)^2=100^2+2\times4\times100+4^2$
$=10000+800+16=10816$

(2) $(100+2)\times(100-2)=100^2-2^2$
$=10000-4=9996$

(3) $(71+69)\times(71-69)=140\times2=280$

(4) $(6.5^2-3.5^2)\times2.5$
$=(6.5+3.5)\times(6.5-3.5)\times2.5$
$=10\times3\times2.5=75$

❸ $a^2+2ab+b^2=(a+b)^2$
$=(13+7)^2=20^2=400$

5 平方根 ①

❶ (1) ±6 (2) $\pm\frac{3}{4}$ (3) $\pm\sqrt{10}$

❷ (1) 8 (2) -11 (3) 5

❸ (1) ① $\sqrt{32}$ ② $\sqrt{5}$
(2) ① $2\sqrt{7}$ ② $6\sqrt{2}$

❹ (1) $\frac{5\sqrt{2}}{2}$ (2) $\frac{\sqrt{42}}{6}$ (3) $4\sqrt{3}$

❺ (1) $\sqrt{2}$，$\sqrt{15}$ (2) 0.27，19，$\frac{4}{7}$，$\sqrt{25}$

解説

❸ (1) $a>0$のとき，$a\sqrt{b}=\sqrt{a^2b}$

(2) $a>0$のとき，$\sqrt{a^2b}=a\sqrt{b}$

❹ (3) $\frac{12}{\sqrt{3}}=\frac{12\times\sqrt{3}}{\sqrt{3}\times\sqrt{3}}=\frac{12\sqrt{3}}{3}=4\sqrt{3}$

❺ $\sqrt{25}=5$ より，$\sqrt{25}$ は有理数。

6 平方根 ②

❶ (1) $\sqrt{15}$ (2) $60\sqrt{2}$ (3) $\frac{\sqrt{14}}{7}$
(4) $\frac{\sqrt{6}}{4}$

❷ (1) $-3\sqrt{7}$ (2) $9\sqrt{3}-7\sqrt{5}$
(3) $\frac{11\sqrt{5}}{10}$ (4) $7\sqrt{3}$

❸ (1) $4\sqrt{3}+6$ (2) $10\sqrt{3}-5\sqrt{7}$
(3) $9-6\sqrt{2}$ (4) $-3+4\sqrt{14}$

❹ 6

解説

❸ (3) $(\sqrt{3})^2-2\times\sqrt{6}\times\sqrt{3}+(\sqrt{6})^2$
$=3-6\sqrt{2}+6=9-6\sqrt{2}$

(4) $(\sqrt{7})^2+(-\sqrt{2}+5\sqrt{2})\times\sqrt{7}-\sqrt{2}\times5\sqrt{2}$
$=7+4\sqrt{2}\times\sqrt{7}-10=-3+4\sqrt{14}$

❹ $54n=2\times3\times3\times3\times n$より，
$\sqrt{54n}=3\sqrt{2\times3\times n}$
よって，もっとも小さい自然数nは，
$2\times3=6$

▶方程式

7 1次方程式

❶ (1) $x=4$ (2) $x=-2$ (3) $x=-5$
(4) $x=4$ (5) $x=9$ (6) $x=5$

❷ (1) $x=8$ (2) $x=-\frac{6}{7}$

❸ (1) $x=12$ (2) $x=9$

❹ $a=8$

❺ 60円

解説

❷ (1) 両辺に10をかけて，係数を整数にする。
$-41x+34=-29x-62$ ←これを解く

(2) 両辺に分母の最小公倍数18をかける。
$10(x-3)=3x-36$ ←これを解く

❸ $a:b=c:d$ ならば $ad=bc$ を利用する。

❺ みかん1個の値段をx円とすると，方程式は，$3(4x+220)=5(x+150)+330$

8 連立方程式

❶ (1) $x=-5,\ y=2$ (2) $x=4,\ y=-3$
(3) $x=2,\ y=6$ (4) $x=-3,\ y=4$
(5) $x=2,\ y=-3$ (6) $x=-\frac{3}{2},\ y=1$

❷ 男子18人，女子14人

解説

❶ (1)は**加減法**，(2)は**代入法**を使うとよい。
(4) 上式の両辺に10をかけて，係数を整数にしてから解く。
(6) $A=B=C$の形の連立方程式は，
$\begin{cases}A=B\\A=C\end{cases}$ $\begin{cases}A=B\\B=C\end{cases}$ $\begin{cases}A=C\\B=C\end{cases}$
のいずれかの形に直して解く。

❷ 昨年の男子の人数をx人，女子の人数をy人とすると，連立方程式は，
$\begin{cases}x+y=35\\0.2x-0.3y=-3\end{cases}$
または，$\begin{cases}x+y=35\\1.2x+0.7y=32\end{cases}$

9 2次方程式の解き方

❶ (1) $x=\pm2$ (2) $x=4,\ x=-8$
(3) $x=3\pm3\sqrt{2}$ (4) $x=3,\ x=-5$
(5) $x=-2,\ x=-6$ (6) $x=4$

❷ (1) $x=-1,\ x=-5$ (2) $x=-2$
(3) $x=8,\ x=-2$
(4) $x=-3,\ x=-9$

❸ (1) $(x+3)^2=17$ (2) $x=-3\pm\sqrt{17}$

❹ (1) $x=\frac{-9\pm\sqrt{21}}{6}$ (2) $x=\frac{1}{2},x=-4$

解説

❷ (3) x^2の係数2で両辺をわると，
$x^2-6x-16=0$ $(x-8)(x+2)=0$
$x=8,\ x=-2$

❸ (1) $x^2+6x=8$ $x^2+6x+9=8+9$
$(x+3)^2=17$

❹ (1) $x=\frac{-9\pm\sqrt{9^2-4\times3\times5}}{2\times3}$
$=\frac{-9\pm\sqrt{81-60}}{6}=\frac{-9\pm\sqrt{21}}{6}$

10 2次方程式の利用

❶ $a=-8$，もう1つの解 $x=12$

❷ -13と-6，6と13

❸ 16cm

❹ 3cm，6cm

解説

❸ 縦を$x$cmとすると，横は$(x+8)$cmとなり，容器の底面は，縦が$(x-10)$cm，

横は$(x+8)-10=x-2$(cm)で，深さは5cm だから，$5(x-10)(x-2)=420$
これを解いて，$x=16,\ x=-4$
$x>10$ だから，$x=16$
よって，紙の縦の長さは16cm

❹ APの長さが$x$cmのとき△APQの面積が9cm^2になるとする。このとき，AQの長さは$(9-x)$cmとなるので，
$\frac{1}{2}x(9-x)=9$

▶関　数

11 比例と反比例

❶ 比例…**ア**，**カ** 反比例…**ウ**，**オ**

❷ (1) $y=-\frac{7}{4}x,\ y=21$
(2) $y=-\frac{36}{x},\ y=3$

❸ ① $y=\frac{4}{3}x$ ② $y=-\frac{1}{2}x$
③ $y=\frac{6}{x}$ ④ $y=-\frac{4}{x}$

解説

❶ 比例の式…$\boldsymbol{y=ax}$，反比例の式…$\boldsymbol{y=\frac{a}{x}}$
aは比例定数

❷ (1) $y=ax$に$x=8,\ y=-14$を代入して，
$-14=8a,\ a=-\frac{7}{4}$

12 1次関数

❶ (1) $\frac{2}{3}$ (2) 4

❷ (1) $y=\frac{8}{3}x-9$ (2) $y=3x-5$

❸ (1) ① $y=2x-4$ ② $y=-x+2$

③ $y=\frac{1}{2}x+1$ ④ $y=-\frac{2}{3}x-2$

(2) $\left(\frac{3}{4},\ -\frac{5}{2}\right)$

解説

❷ (2) 傾き$a=\frac{4-(-11)}{3-(-2)}=\frac{15}{5}=3$

$y=3x+b$に$x=3$, $y=4$を代入して,

$4=9+b$, $b=-5$

❸ (2) 直線①と④の式の連立方程式を解く。求めたx, yの値が，直線①と④の交点のx座標，y座標となる。

13 関数 $y=ax^2$ ①

❶ $y=-2x^2$, $y=-18$

❷ (1) 右の図

(2) ① $a=\frac{1}{4}$

② $m=\pm 8$

❸ (1) $-16 \leqq y \leqq -1$

(2) $0 \leqq y \leqq 3$

❹ $a=-4$

解説

❹ $y=-3x+2$ の変化の割合は -3

$y=x^2$ の変化の割合は,

$\frac{(a+5)^2-a^2}{(a+5)-a}=\frac{10a+25}{5}=2a+5$

$2a+5=-3$, $a=-4$

14 関数 $y=ax^2$ ②

❶ (1) $y=x+6$ (2) 15

❷ (1) ① 1100円 ② 1700円

(2) ① $0<x \leqq 50$ ② $80<x \leqq 110$

解説

❶ (1) $y=x^2$に$x=-2$, $x=3$をそれぞれ代入すると，$y=(-2)^2=4$, $y=3^2=9$より,

A$(-2,\ 4)$, B$(3,\ 9)$

直線ABの傾きは, $\frac{9-4}{3-(-2)}=\frac{5}{5}=1$

$y=x+b$に$x=-2$, $y=4$を代入して,

$4=-2+b$, $b=6$

(2) 直線ℓとy軸の交点をCとすると,

C$(0,\ 6)$

$\triangle AOB=\triangle AOC+\triangle BOC$

$=\frac{1}{2}\times 6\times 2+\frac{1}{2}\times 6\times 3$

$=15$

▶図　形

15 平面図形・空間図形

❶ (1) ∠A (2) 5cm

❷ まわりの長さ…$(8\pi+8)$cm

面積…8π cm^2

❸ (1) 表面積1536cm^2, 体積3072cm^3

(2) 表面積96π cm^2, 体積96π cm^3

❹ 表面積144π cm^2, 体積288π cm^3

解説

❷ **まわりの長さ＝弧の部分＋直線部分**

だから，まわりの長さは,

$8\times 2\times \pi\times\frac{90}{360}+8\times\pi\times\frac{180}{360}+8$

$=8\pi+8$(cm)

面積は, $\pi\times 8^2\times\frac{90}{360}-\pi\times 4^2\times\frac{180}{360}$

$=8\pi$ (cm^2)

❸ (1) 表面積は,

$24\times 24+\frac{1}{2}\times 24\times 20\times 4=1536$(cm^2)

体積は, $\frac{1}{3}\times 24\times 24\times 16=3072$(cm^3)

(2) 表面積は,

$\pi\times 6^2+\pi\times 10^2\times\frac{12\pi}{20\pi}=96\pi$ (cm^2)

体積は, $\frac{1}{3}\times\pi\times 6^2\times 8=96\pi$ (cm^3)

❹ 表面積は, $4\times\pi\times(12\div 2)^2=144\pi$ (cm^2)

体積は, $\frac{4}{3}\times\pi\times(12\div 2)^3=288\pi$ (cm^3)

16 図形の性質と合同

❶ (1) 62°　(2) 55°

❷ (1) 118°　(2) 135°

❸ (1) △ABEと△CDFにおいて,
AB=CD ……①
AB//DC より, 錯角(さっかく)は等しいので,
∠BAE=∠DCF ……②
仮定より, AE=CF ……③
①, ②, ③より, 2組の辺とその間の角がそれぞれ等しいので,
△ABE≡△CDF ……④
(2) ④より, BE=DF ……⑤
∠AEB=∠CFD ……⑥
また, ∠BEF=180°−∠AEB
　　∠DFE=180°−∠CFD
だから, ⑥より, ∠BEF=∠DFE
錯角が等しいから, BE//DF ……⑦
⑤, ⑦より, 1組の対辺が平行でその長さが等しいから, 四角形BFDEは平行四辺形である。

解説

❶ (1) ℓ, mに平行な直線をひくと,
$\angle x=30°+32°$
$=62°$

(2) ℓ//m だから,
$\angle x=130°-75°$
$=55°$

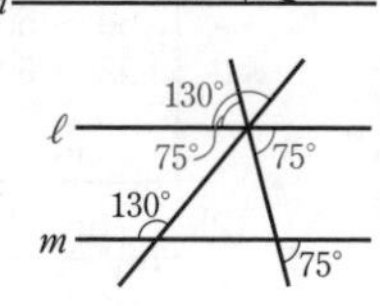

❷ (1) 四角形の内角の和は,
$180°\times(4-2)=360°$
$\angle y=360°-(65°+103°+70°)$
$=360°-238°=122°$
$\angle x=60°+(180°-\angle y)$
$=60°+(180°-122°)=60°+58°=118°$

(2) 多角形の外角の和は360°だから,
$\angle y=360°-(88°+67°+70°+90°)$
$=360°-315°=45°$
$\angle x=180°-\angle y=180°-45°=135°$

17 相似な図形 ①

❶ (1) △ADE∽△ABC
2組の角がそれぞれ等しい。
(2) △ABE∽△DCE
2組の辺の比とその間の角がそれぞれ等しい。

❷ (1) BOD　(2) 2　(3) 3　(4) 2
(5) DO　(6) BOD　(7) 2組の辺
(8) その間の角

解説

❶ (1) ∠Aは共通, ∠AED=∠ACB=65°
(2) AE：DE=BE：CE=2：3
対頂角は等しいから, ∠AEB=∠DEC

18 相似な図形 ②

❶ (1) $x=4$, $y=5$　(2) $x=4$, $y=\frac{16}{3}$

❷ 24cm

❸ (1) $32\pi\,\mathrm{cm}^3$　(2) $36\pi\,\mathrm{cm}^2$
(3) $108\pi\,\mathrm{cm}^3$

解説

❷ 右の図のように, ACとMNの交点をPとし, BC=$x$cmとする。

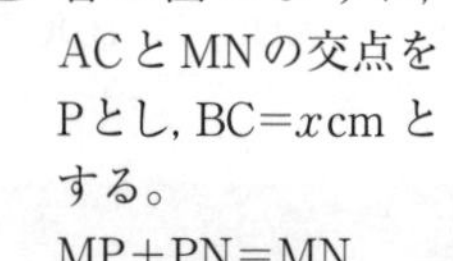

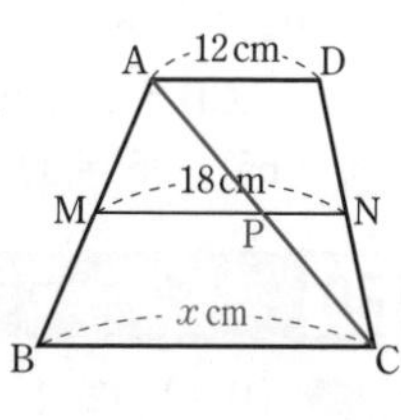

MP+PN=MN

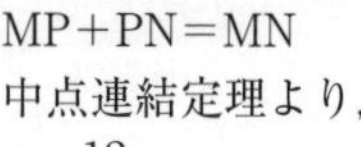

中点連結定理より,

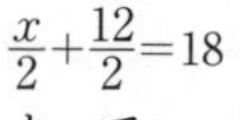

$\frac{x}{2}+\frac{12}{2}=18$

よって, $x=24$

❸ (2) 円錐①と②の相似比は，6：9＝2：3
円錐①の底面積は，$4^2\times\pi=16\pi$ (cm²)
円錐②の底面積を$x$cm²とすると，
$2^2:3^2=16\pi:x$　$4:9=16\pi:x$
$4\times x=9\times16\pi$　$x=36\pi$
(3) 円錐②の体積を$x$cm³とすると，
$2^3:3^3=32\pi:x$　$8:27=32\pi:x$
$8\times x=27\times32\pi$　$x=108\pi$

19 円

❶ (1) 35°　(2) 115°　(3) 27°　(4) 65°
❷ (1) 65°　(2) 30°

解説

❶ (3) $2\angle x+32°\times2=118°$
$2\angle x=54°$
$\angle x=27°$

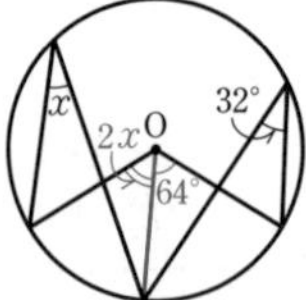

(4) $\angle x=90°-25°$
$=65°$

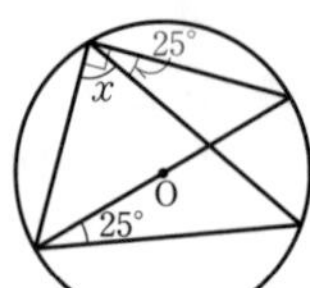

❷ (2) ∠ABD
＝∠ACD＝90° で，
点B，Cは直線AD
について同じ側
にあるから，4点
A，B，C，Dは，
ADを直径とする円周上にある。

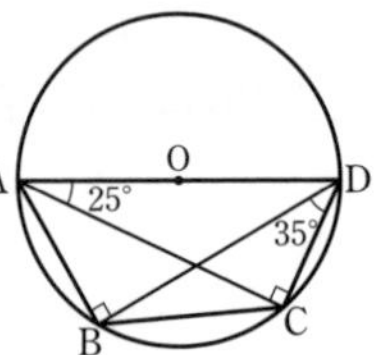

∠ACB と∠ADB は1つの$\overset{\frown}{AB}$に対する円周角と考えられるから，
∠ACB＝∠ADB＝∠ADC－∠BDC
＝65°－35°＝30°

20 三平方の定理

❶ (1) 12　(2) $4\sqrt{5}$
❷ (1) $x=8\sqrt{2}$，$y=4\sqrt{2}$
(2) $x=4\sqrt{3}$，$y=6$
❸ (1) $\sqrt{77}$ cm　(2) $\frac{16\sqrt{2}\pi}{3}$ cm³

解説

❶ 直角三角形では，
$a^2+b^2=c^2$
が成り立つ。

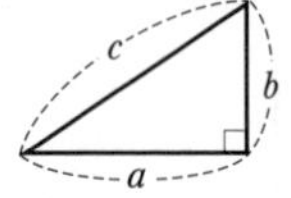

(1) $x=\sqrt{15^2-9^2}=\sqrt{144}=12$
(2) $x=\sqrt{4^2+8^2}=\sqrt{80}=4\sqrt{5}$
❷ (1) 90°，45°，45°の直角二等辺三角形の辺の比は $1:1:\sqrt{2}$ であることを用いる。
$x:8=\sqrt{2}:1$　$x=8\sqrt{2}$
$8:y=\sqrt{2}:1$　$y=\frac{8}{\sqrt{2}}=\frac{8\sqrt{2}}{2}=4\sqrt{2}$
❸ (2) $\mathrm{OH}=\sqrt{6^2-2^2}=\sqrt{32}=4\sqrt{2}$ (cm)
体積は，
$\frac{1}{3}\times2^2\times\pi\times4\sqrt{2}=\frac{16\sqrt{2}\pi}{3}$ (cm³)

▶データの活用

21 データの整理、確率

❶ (1)

重さ(g)	度数(個)	累積度数(個)
以上　未満		
35 ～ 40	1	1
40 ～ 45	3	4
45 ～ 50	5	9
50 ～ 55	9	18
55 ～ 60	2	20
計	20	20

(2)

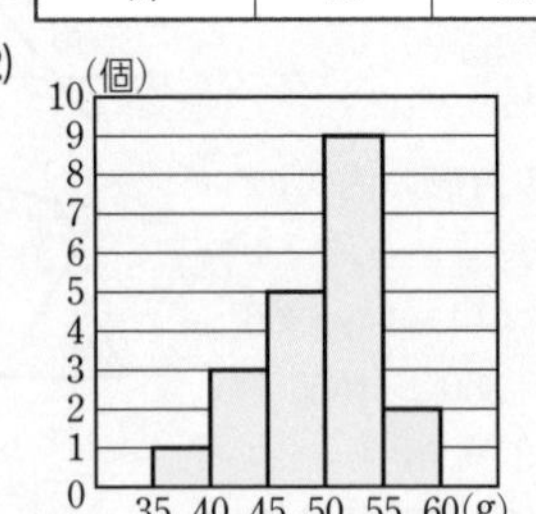

(3) 0.7
❷ 7.5cm
❸ (1) $\frac{1}{4}$　(2) $\frac{7}{10}$

解説

❶ (3) $(5+9)\div20=0.7$

❷ データを大きさの順に並べると，

43　44　45　46　46　49　50　54　59

第２四分位数は５番目の46cm

第１四分位数は１番目から４番目までの値の中央値だから，$\frac{44+45}{2}=44.5$(cm)

第３四分位数は，６番目から９番目までの値の中央値だから，$\frac{50+54}{2}=52$(cm)

四分位範囲は，$52-44.5=7.5$(cm)

❸ (2) ５本のくじをA，B，C，D，E，当たりくじをA，Bとすると，くじのひき方は全部で，$5\times4=20$(通り)

少なくとも１本当たるのは，

{A，B}，{A，C}，{A，D}，{A，E}，{B，A}，{B，C}，{B，D}，{B，E}，{C，A}，{C，B}，{D，A}，{D，B}，{E，A}，{E，B}の14通り。

少なくとも１本当たる確率は，$\frac{14}{20}=\frac{7}{10}$

22　標本調査

❶ (1) 全数調査　(2) 標本調査
(3) 標本調査　(4) 全数調査

❷ (1) 母集団　(2) 標本
(3) 標本の大きさ

❸ ウ

❹ およそ100個

解説

❸ 標本調査は，その標本の傾向から母集団の傾向を推測することが目的であるから，標本は母集団の中から無作為に抽出しなければならない。

❹ 無作為に抽出された40個の玉にふくまれる赤玉の割合は，$\frac{16}{40}=\frac{2}{5}$

袋の中全体の赤玉の総数は，

およそ$250\times\frac{2}{5}=100$(個)

社会

▶１・２年の復習

23　世界の地域構成

❶ (1) 本初子午線(ほんしょしごせん)　(2) ①ウ　②ア
③イ　(3) 緯線(いせん)(緯度(いど))　(4) イ
(5) d

解説

❶ (1) 経度０度を通る経線。

(2) ①はエクアドル，②はエジプト，③はインド。

(3) 北緯49度の緯線を，アメリカ合衆国とカナダの国境としている。

(4) 2017年の世界の人口は，およそ75億人である。

(5) 南アメリカ大陸のアルゼンチンやブラジルは，地球のほぼ反対側にあたる。

24　日本の地域構成

❶ (1) ア　(2) 白神(しらかみ)　(3) 京葉(けいよう)
(4) イ　(5) イ　(6) エ　(7) b

解説

❶ (1) 地図中に青色で示されたのは，北海道，新潟(にいがた)県，秋田県，山形県，宮城県。新潟県や北海道が入っていることから判断する。

(2) 青森・秋田県境の西部に広がる山地で，日本最大の**ブナの原生林**がある。

(3) 市原(いちはら)や君津(きみつ)などの工業都市がある。

(4) 日本の**標準時子午線**は東経135度の経線で，兵庫県明石(あかし)市を通っている。

(5) 愛知県名古屋(なごや)市。名古屋市などが含(ふく)まれる**中京工業地帯**では，自動車を中心とする機械工業の生産額が多い。また，ほかの工業地帯に比べて，陶磁器(とうじき)などをつくる窯業(ようぎょう)の割合が高い。

(7) 高知県も野菜の促成(そくせい)栽培が盛(さか)んだが，九州地方の県とあるので宮崎県。

25 古代～中世の歴史

❶ (1) ①ウ　②エ　(2) 冠位十二階
(3) ア　(4) 荘園　(5) イ
(6) フビライ＝ハン　(7) 戦国大名
(8) ア　(9) イ

解説

❶ (1) ①1086年に**院政**を始めたのは**白河上皇**。**後鳥羽上皇**は鎌倉幕府を倒そうとして**承久の乱**をおこした。

(2) 十七条の憲法ではない。十七条の憲法は役人の心得を定めたもの。

(3) **イ**は万葉歌人，**ウ**は聖徳太子の命を受け，遣隋使として隋に渡った人物，**エ**は鎌倉時代初期の歌人。「新古今和歌集」を編集した。

(6) チンギス＝ハンはまちがいである。

(9) 11世紀の前半。**藤原道長**は子の**頼通**とともに藤原氏の全盛時代を築いた。

26 近世～近代の歴史

❶ (1) 徳川家康　(2) イ
(3) 関ヶ原の戦い　(4) ウ　(5) B
(6) 徳川慶喜　(7) イ　(8) エ　(9) ウ

解説

❶ (2) 1639年に来航を禁じられたのはポルトガル船。**ア**．イギリスは1623年，平戸にあった商館を閉じ日本を去っている。**ウ**．イギリスが日本を去った翌年，スペイン船の来航が禁止された。

(4) **織田信長**は15代将軍の足利義昭を追放し，室町幕府をほろぼした。

(5) **徳川吉宗**による**享保の改革**の内容である。Cは松平定信，Dは水野忠邦による改革。

(9) 1881年，国会開設の**勅諭**が出されると，国会の開設に備えて，**板垣退助**らは自由党を，**大隈重信**らは**立憲改進党**を結成した。

27 第一次世界大戦と戦後の世界

❶ (1) バルカン　(2) ドイツ　(3) 孫文
(4) 米騒動
❷ (1) 三・一独立運動
(2) 吉野作造
(3)〔解答例〕納税額による制限がなくなったため。

解説

❶ (4) シベリア出兵をあてこんだ商人の米の買い占めにより米価が急騰し，各地で米の安売りを求めた人々が米屋を襲った。

❷ (1) 中国でおこった，排日・反帝国主義運動の五・四運動と混同しないこと。第一次世界大戦中，日本が中国政府に出した二十一か条の要求を，パリ講和会議で各国が認めたため，北京の学生のデモをきっかけに市民・労働者がこの運動に参加し全国に広がった。

28 世界恐慌と日本の中国侵略

❶ (1) ニューヨーク
(2) ニューディール(新規まき直し)政策
(3) ブロック経済
(4) ファシズム(全体主義)
❷ (1) ①満州　②国際連盟　(2) イ
(3) 二・二六事件　(4) 盧溝橋事件

解説

❶ (3) 恐慌対策として，フランスもブロック経済をとった。

(4) ファシズム体制は経済的に苦しんだ日本にも広がった。

❷ (3) 1932年におこった五・一五事件と混同しないこと。

(4) 満州事変のきっかけとなった柳条湖事件と混同しないこと。

29 第二次世界大戦と日本

1 ①ポーランド ②イタリア ③ソ連(ソビエト社会主義共和国連邦) ④ハワイ
(1) アンネ=フランク
(2) 大政翼賛会
2 (1) 大西洋憲章 (2) 国家総動員法
(3) 集団(学童)疎開 (4) ポツダム宣言

解説

1 ③ 1941年，日本はソ連と中立条約を結んで北方の安全をはかると，フランス領インドシナ南部に進出した。
2 (1) この憲章は国際連合成立のもととなった。

30 現代の日本と世界

1 (1) 平和主義(戦争放棄) (2) 農地改革
(3) ①サンフランシスコ平和 ②ウ
2 (空らんの適語)石油 (1) ウ (2) エ
(3) 高度経済成長 (4) バブル経済

解説

1 (3) ①②第二次世界大戦の講和条約として日本と連合国48か国との間に結ばれた。首席全権は吉田茂首相。
2 (1) この宣言によって日ソ両国間の国交が回復し，日本の国際連合加盟が実現した。

▶公民的分野

31 現代社会の特色と文化

1 (1) ①ア ②イ
(2) 国際分業 (3) 多文化社会
2 (1) 情報リテラシー
(2) 少子高齢化 (3) グローバル
(4) ウ

解説

1 (1) アは自給率が比較的高い米である。イは野菜，ウは果実，エは小麦である。
2 (1) インターネットなどで瞬時に情報が伝えられる現代では，実体のある商品やエネルギー以上に，情報が社会を動かす力となっている。
(3)「global」とは，「世界的な」・「地球全体の」という意味。

32 基本的人権と日本国憲法

1 ①自由 ②職業選択 ③平等
④社会 ⑤参政 ⑥公共の福祉
2 (1) ノーマライゼーション
(2) エ (3) ア，エ

解説

1 ⑥ 社会全体の利益や幸福をめざす考え。
2 (1) 人々の障害となるものを取り除くことをバリアフリーという。
(2) 居住・移転及び職業選択の自由，財産権の保障などが，経済活動の自由にあたる。
(3) イは裁判所の権限，ウは衆議院と参議院の権限。

33 国民主権と国会

1 (1) ①最高 ②立法 ③衆議院
(2) 通常国会(常会) (3) 二院制
2 ①ア ②エ ③ウ ④イ
3 ①予算 ②内閣総理大臣
③内閣不信任 ④30

解説

1 (2) 次の年度の予算の審議が行われる。
(3) 二院制はたがいの院の行きすぎをおさえ，慎重な審議をすることができるという長所がある。
2 ④ 法律の公布は，天皇の国事行為の1つ。
3 ① 予算は衆議院が先に審議する権限があり，これを予算の先議権という。

34 行政のはたらきと内閣

❶ (1) ①行政　②内閣
(2) 内閣総理大臣(首相)　(3) 議院内閣制
❷ (1) ①選挙　②過半数　③国務大臣
(2) ①10　②解散　③総辞職
(3) **イ**，**エ**

解説

❶ (2) 内閣は内閣総理大臣(首相)と国務大臣からなる。首相は閣議の中心となり，行政全体を指揮・監督する。
(3) 議院内閣制はイギリスにならっている。
❷ (1) ②③内閣総理大臣は国務大臣を任命または罷免する。罷免とはやめさせること。
(2) 内閣の信任・不信任の決議ができるのは衆議院のみである。
(3) **ア**，**ウ**は天皇の国事行為である。

35 裁判所のはたらきと三権分立

❶ (1) 司法権の独立　(2) **ウ**
(3) 違憲立法審査(権)　(4) 国民審査
(5) 民事裁判　(6) 裁判員制度
❷ (1) ①高等　②地方　(2) ③**イ**
④**ア**　(3) 下級裁判所　(4) 三審制
(5) 検察官

解説

❶ (2) 弾劾裁判は国会に設置される。
❷ (4) 裁判を慎重に行い，国民の人権を守るため，三審制がとられている。

36 地方自治，選挙，政党

❶ (1) ①知事(首長)　②選挙
③拒否　④解散
(2) 条例
❷ (1) 直接　(2) **エ**　(3) 比例代表制
❸ (1) ①与党　②野党　(2) 政権公約

解説

❶ (2) 法律を制定できるのは国会のみ。地方議会は条例を制定する。
❷ (2) **ア**，**イ**，**ウ**は大選挙区制の記述。
❸ (2) マニフェストには，具体的な達成目標や数値をあげることが求められる。

37 消費生活と価格のはたらき

❶ (1) ①家計　②貯蓄
(2) ①給与所得　②事業所得
❷ (1) クーリング・オフ
(2) 製造物責任法(PL法)
❸ ①**オ**　②**キ**　③**ウ**　④**エ**　⑤**ア**

解説

❶ (2) ②個人業主所得ともいう。
❸ 市場価格は売ろうとする量(供給量)と買おうとする量(需要量)の大きさによって変わり，供給量と需要量が一致するところで価格が決まる。

38 生産のしくみと金融のはたらき

❶ (1) 株主　(2) 配当
(3) 株主総会　(4) 証券取引所
❷ (1) a…**イ**　b…**エ**
(2) ①日本銀行券　②金融政策
③増やす　④銀行の銀行

解説

❶ (2) 配当金ともいう。
❷ (2) ①日本銀行券とは紙幣のこと。硬貨は補助貨幣とよばれ，造幣局が発行する。
④「銀行の銀行」「政府の銀行」として，一般の銀行や政府とだけ取り引きする。

39 財政のはたらきと景気の変動

❶ (1) 好景気(好況)　(2) 不景気(不況)
(3) インフレーション
(4) デフレーション
❷ (1) ①財政　②社会資本
③公共サービス
(2) 税金　(3) (順に)財政政策，**ア**，**イ**

解説

❶ (3)(4) インフレ，デフレともいう。

❷ (3) 日本銀行が行う景気対策は，まとめて金融政策という。

40 国民生活と福祉

❶ (1) ①文化　②最低限度
(2) ①エ　②ウ　③イ　④ア

❷ (1) ①ウ　②エ　(2) 介護保険制度

解説

❶ (1) 社会権の1つ。

❷ (1) アは，労働者が勤務中に病気・けがをした場合などに，労働者本人や家族の生活を保障するためのもの。

41 国際社会と国際連合

❶ (1) エ　(2) 排他的経済(水域)〔経済(水域)〕　(3) 主権

❷ (1) 総会　(2) 安全保障理事会
(3) 拒否権　(4) 経済社会理事会
(5) ①エ　②オ　③ア　(6) ア

解説

❷ (5) ①国連教育科学文化機関(ユネスコ)，②世界保健機関，③国際労働機関。

42 世界の諸問題

❶ (1) かけがえのない　(2) イ，ウ
(3) オゾン層の破壊　(4) 地球サミット
(5) イ　(6) リオデジャネイロ

❷ (1) 南北問題　(2) 政府開発援助(ODA)
(3) 非政府組織(NGO)

解説

❶ (4) リオサミットとよぶときもある。
(5) 京都議定書が採択された。

❷ (3) NPOと混同しないこと。NPOは民間非営利組織。

理　科

▶1・2年の復習

43 中1・中2の物理・化学

❶ (1)ウ
(2)屈折
(3)右図

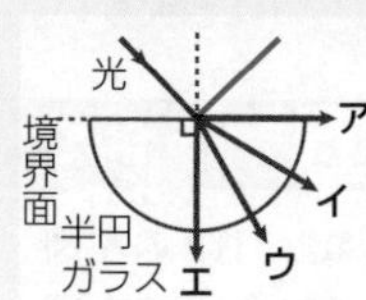

❷ (1)発生した液体が，加熱部分に流れて，試験管が割れるのを防ぐため。
(2)水上置換法　(3) CO_2　(4)水
(5)炭酸ナトリウム

解説

❶ (1)光が空気中からガラスに入るとき，入射角＞屈折角 となるように屈折する。
(3)境界面で光が反射するとき，入射角と反射角は等しい。

44 中1・中2の生物・地学

❶ (1)めしべ…d　おしべ…c
(2)イ，ウ

❷ (1) AB…寒冷前線　AC…温暖前線
(2)イ　(3)ウ

解説

❷ (3)高気圧の中心付近では，下降気流が生じているため，周囲の気圧が高くなり，空気が圧縮されて気温が上がるので，雲ができにくい。

▶運動とエネルギー

45 水圧と浮力

❶ (1) 2 N　(2)浮力　(3) 0.8 N
(4)変わらない。　(5)小さくなる。
(6)エ

解説

❶ (3) $2\,N - 1.2N = 0.8N$

(4)物体を完全に水中に沈(しず)めたとき，深さを変えても浮力の大きさは変わらない。

(5)浮力は，水中にある物体の体積が大きいほど大きい。

46 力の合成・分解

❶ (1)下の左図　(2) 0.25 N

❷ (1)下の右図　(2) 0.2 N

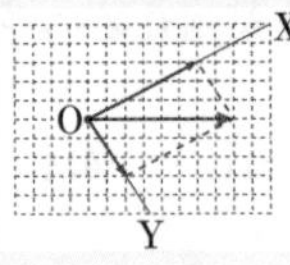

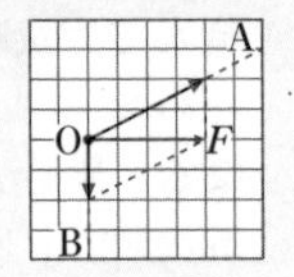

❸ 大きくなる。

解説

❶ (1) OX，OY 上の 2 力を 2 辺とする平行四辺形を描(か)くと，点 O からの対角線が**合力**となる。

(2)合力の矢印の長さが 8 目盛りであるから，1 目盛りは，2 N ÷ 8 = 0.25 N

❷ (1)力 F を対角線として，A の方向と B の方向を 2 辺とする平行四辺形を描くと，その 2 辺が**分力**になる。

(2) B 方向の分力は 2 目盛りである。

47 運動のようすとその表し方

❶ A…ウ　B…イ　C…ア

❷ (1) $\frac{1}{50}$ 秒(0.02 秒)　(2)移動距離(きょり)

(3)ウ

❸ (1) 50 km/h　(2)平均の速さ

解説

❶ はやいときは打点の間隔(かんかく)が大きく，おそいときは打点の間隔が小さい。打点の間隔がだんだん大きくなるときは，速さはだんだんはやくなっている。

❷ (3)打点間隔が大きいほど，物体の速さがはやい。

❸ (1) 350 km ÷ 7 h = 50 km/h

48 物体の運動

❶ (1) 9 倍　(2)ア　(3)エ

解説

❶ (1)図 3 の縦軸(たてじく)は 0.1 秒間に移動した距離(きょり)，すなわち，速さを表している。

15.3 cm ÷ 1.7 cm = 9 より，9 倍である。

(2)物体の運動の向きに力がはたらき続けると，物体の速さは時間とともに増加する。

(3)距離は時間の 2 乗に比例する。

49 仕事と仕事率

❶ (1) 6 N　(2) 24 J

❷ (1) 600 J　(2) 40 W

(3)① 100 N　② 6 m　③ 600 J

④ 30 W

(4)仕事の原理

解説

❶ (1)このときの摩擦(まさつ)力は，手で引いた力の大きさと同じになる。

(2) 6 N × 4 m = 24 J

❷ (1) 200 N × 3 m = 600 J

(2) 600 J ÷ 15 s = 40 W

(3)①，②動滑車(どうかっしゃ)を使うと，力は $\frac{1}{2}$ になり，引く距離(きょり)は 2 倍になる。

③ 100 N × 6 m = 600 J

④ 600 J ÷ 20 s = 30 W

50 力学的エネルギー

❶ (1)ア　(2)エ　(3)イ

解説

❶ (2)摩擦(まさつ)や空気の抵抗(ていこう)がない場合，力学的エネルギーは一定に保たれる。(**力学的エネルギーの保存**)

(3)運動エネルギーが0になるPと同じ高さまで上がる。

▶化学変化とイオン

51 水溶液とイオン

❶ (1)砂糖水…流れない
食塩水…流れる
(2)ア，ウ
(3)①電解質　②非電解質

❷ (1)陽イオン…水素イオン，H^+
陰(いん)イオン…塩化物イオン，Cl^-
(2) $HCl \longrightarrow H^+ + Cl^-$
(3)陽極…Cl_2　陰極…H_2

解説

❶ 食塩水，塩酸，塩化銅水溶液(すいようえき)には電流が流れるが，砂糖水やエタノール，純粋(じゅんすい)な水には電流が流れない。

❷ (1)，(2)塩酸は，塩化水素(HCl)の水溶液。塩化水素は水に溶(と)け，水素イオン(H^+)と塩化物イオン(Cl^-)に分かれる(**電離**(でんり))。
(3)陰イオンの塩化物イオンは陽極に，陽イオンの水素イオンは陰極に移動する。

52 化学変化と電池のしくみ

❶ (1)(化学)電池　(2)イ
(3) $2H^+ + ⊖⊖ \longrightarrow H_2$
(4)亜鉛(あえん)板　(5)イ

解説

❶ (2)，(3)＋極の銅板では，水素イオンが電子を受けとって水素原子となり，水素原子が2個結びついて水素の分子となる。
(5)電解質の水溶液(すいようえき)に2種類の金属を入れると，化学電池ができる。

53 酸・アルカリとイオン

❶ (1)中和　(2)塩化ナトリウム
(3) a…水素　b…水酸化物
(4) $H^+ + OH^-$ ($\longrightarrow H_2O$)
(5)ウ

解説

❶ (2)塩酸と水酸化ナトリウム水溶液(すいようえき)の中和で，中性になった水溶液を蒸発させると，塩化ナトリウム(食塩)の結晶(けっしょう)が現れる。
(3)，(4)酸の水素イオンH^+と，アルカリの水酸化物イオンOH^-が結びついて，水H_2Oができる反応を**中和**という。
(5) $H^+ + OH^- \longrightarrow H_2O$ の反応が起こり，水溶液中にはH^+もOH^-も存在しない状態で中性になる。

▶エネルギーと科学

54 いろいろなエネルギーとその変換

❶ (1) B…イ　C…エ　D…ア　E…ウ
(2)ア

解説

❶ (1)①～④の文から，Aは光エネルギー，Bは化学エネルギー，Cは熱エネルギー，Dは運動エネルギー，Eは電気エネルギーとなる。
(2)化学反応によって電気が発生し，光を発するものを選ぶ。

55 エネルギー資源

❶ ①サ　②ス　③ア　④エ　⑤ケ　⑥カ

❷ (1)イ
(2)例…まき，わら，動物のふんなど
説明…エネルギー源になる生物体のこと。

解説

❶ ③化石燃料(石炭や石油など)の埋蔵量(まいぞうりょう)には限りがあり，燃焼すると二酸化窒素(ちっそ)などの大気汚染(おせん)物質が出る。自然環境(かんきょう)にやさしい風力，地熱，太陽光などの代替(だいたい)エネルギーへの転換(てんかん)が必要となっている。

❷ 再生可能エネルギーとは太陽，水力，風力，地熱，バイオマスなど，いつまでもくり返し使えるエネルギーのことである。

56 科学技術と人間生活

❶ (1)土や水の中の微生物(びせいぶつ)によって分解され，二酸化炭素と水になること。
(2)熱や摩擦(まさつ)に強い。
(3)紙おむつ(など)
❷ ①コンピュータ ②インターネット
❸ (1)リサイクル
(2)ハイブリッド自動車
(3)ヒートアイランド現象

解説

❶ ファインセラミックスや生分解性(せいぶんかいせい)プラスチックなど，優れた性質をもつ物質の開発で快適な生活ができるようになった。
❷ 現在では，コンピュータは小型化，高性能化され，生活のいろいろな場面で利用されている。

▶生物の成長と遺伝

57 生物の成長と細胞分裂

❶ (1)薬品…**ア** 理由…**エ** (2)B
(3)(細胞分裂(さいぼうぶんれつ)によって，)細胞の数がふえ，ふえた細胞が大きくなる。

解説

❶ (1)細胞が重なっていると観察しにくいので，1つ1つの細胞を離(はな)れやすくする。
(2)Aのあと，核の中に染色体が現れる(D)。染色体は中央に並び(B)，両端(りょうたん)に分かれる(C)。最後に中央にしきりができ，染色体は核(かく)となり，2つの細胞ができる(E)。
(3)細胞分裂で生じた細胞の大きさは，もとの細胞の半分くらいの大きさしかない。

58 生物のふえ方と遺伝

❶ ①無性 ②同じ ③有性
④どちらの親とも異なる
❷ (1)丸形
(2)① Aa(aa) ② aa(Aa)
(3)(顕性(けんせい)：潜性(せんせい)＝)3：1
(4) 1800 個

解説

❶ 無性生殖は，単細胞(たんさいぼう)生物の分裂(ぶんれつ)やいもからの発芽などで行われる。親と子のもつ染色体がまったく同じなので，子は親とまったく同じ遺伝子を受けつぎ，親と同じ形質になる。有性生殖では，両親の染色体を半分ずつ受けつぐので，子は親とは異なる遺伝子の組み合わせとなり，親とは異なる形質をもつことがある。
❷ (1)親がAAの丸形，aaのしわ形のかけ合わせでは，子はすべてAaの遺伝子の組み合わせをもつ。Aは丸形の**顕性の形質**を示す遺伝子である。
(2)，(3) AaとAaのかけ合わせでは，AA，Aa，aaの3通りが現れる。AA，Aaの遺伝子の組み合わせをもつものは，丸形の形質を現すので，丸形：しわ形が3：1になる。

59 生物の進化

❶ (1)スズメ…翼(つばさ) クジラ…胸びれ
(2)相同器官 (3)進化
❷ (1)シソチョウ(始祖鳥)
(2)①歯 ②翼 (3)ハ虫類

解説

❶ (1)，(2)形やはたらきが違(ちが)っても，基本的には同じつくりの器官を**相同器官**という。
❷ (3)シソチョウは，ハ虫類と鳥類の両方の特徴(とくちょう)をもつ。

▶地球と宇宙

60 天体の日周運動

❶ (1)B　(2)午前6時50分　(3)ア
(4)地球が地軸の傾きを一定に保ったまま太陽のまわりを公転しているから。
(5)地球が自転しているから。

解説

❶ (1)サインペンの先端の影が，円の中心に重なるようにして，太陽の位置を記録する。
(2) PQ間は2時間で6.0 cm（1時間で3.0 cm）動いている。LP間を動くのにかかる時間は，$9.5 \div 3.0 = \frac{19}{6} = 3\frac{1}{6}$〔時間〕$= 3$時間10分。午前10時の3時間10分前は午前6時50分。
(3)冬至の日（12月下旬）の10か月後は秋分の日（9月下旬）の約1か月後になる。このとき，日の出の位置は真東より南よりになっている。

61 季節の変化と四季の星座

❶ (1)ウ
(2)（さそり座は，地球から見て）太陽と同じ方向にあるから。
(3) B→C→A
(4)（地球が）公転しているから。

解説

❶ (1)星座は，1時間に約15度ずつ東から西に移動して見える。
(2)星座が地球から見て，太陽と同じ方向にあると，明るすぎて観察できない。
(3)同じ時刻に観察すると，星座は1か月に約30度ずつ東から西に移動して見える。
(4)季節によって見える星座が変わるのは，地球の公転が原因である。

62 宇宙と太陽系

❶ (1)①ウ
②金星は地球よりも内側で太陽のまわりを公転しているから。
(2)①水星　②エ

解説

❶ (1)地球から太陽に向かって左側に金星と火星がともにあるとき，日没後の西の空に見える。金星は明け方の東の空か，日没後の西の空にしか見ることができない。
(2)地球の内側を公転している惑星（内惑星）は水星と金星である。

▶自然と人間

63 自然環境と自然のつりあい

❶ (1)C　(2)食物連鎖
(3)ア，イ，キ，ク
❷ ウ→ア→イ

解説

❶ (1)Aは光合成，B，Dは呼吸を表している。
(3)菌類や細菌類，土の中の小動物などの分解者は，生物の死がいや排出物を分解する。

64 自然と人間の関わり

❶ (1)台風　(2)土石流　(3)地震
(4)津波　(5)ハザードマップ
❷ (1)地球温暖化　(2)二酸化炭素
(3)外来種（外来生物）

解説

❶ 日本では台風による気象災害や地震による自然災害などがくり返されている。
❷ (1)，(2)石油や石炭などの化石燃料を大量に使用することで，二酸化炭素などの温室効果ガスがふえ，地球温暖化が起こっていると考えられている。

英　語

▶1・2年の復習

65 中1・中2の英語 ①

❶ (1) dogs　(2) are　(3) much
❷ (1) If, I'll　(2) stopped running
(3) made her
❸ (1) This is the most interesting book of the three.
(2) I was happy to talk with Ken.
❹ (1) Give me something cold to drink.
(2) Maki is not as tall as Yumi.

解説
❷ (3)「その手紙は彼女をうれしくさせました。」と考える。
❹ (1)「何か～な…するもの」=〈something +形容詞+ to ...〉

66 中1・中2の英語 ②

❶ (1) bigger　(2) eating　(3) playing
❷ (1) イ　(2) エ　(3) ア　(4) ウ
❸ (1) must not　(2) teaches us
(3) Our, has
❹ (1) they are　(2) was, when
(3) Which, or

解説
❶ (2)「あなたはそのとき，まだ夕食を食べていたのですか。」 (3) be good at ～ing「～することが得意だ」

▶受け身

67 受け身 ①

❶ (1) cooked　(2) washed　(3) eaten
❷ (1) これらの箱はその少年たちによって持ってこられました。
(2) 英語は来年オダ先生によって教えられるでしょう。
(3) ヨウヘイはサッカー選手として知られていません。
❸ (1) was written　(2) isn't cleaned
(3) was broken
❹ (1) isn't spoken　(2) can be seen

解説
❶ (3) eat の過去分詞は eaten。
❸ (3) break の過去分詞は broken。
❹ (2)〈can be +過去分詞〉の形。

68 受け身 ②

❶ (1) Are, read　(2) Was, written
(3) was, built
❷ (1) Was, sent, by
(2) do, speak
❸ (1) Yes, was
(2) When were
❹ (1) Was your bag found by him ?
(2) Where is this computer used ?

解説
❷ (1)「～によって」は by ～で表す。
❸ (1) Yes / No と be 動詞を使って答える。

▶現在完了

69 現在完了 ①

❶ (1) have stayed〔been〕
(2) has wanted　(3) Have, been
❷ (1) have lived〔been〕, for
(2) haven't seen
❸ (1) long have you lived
(2) I have not heard from Tom for six months.
❹ (1) How long have those students studied in Tokyo ?

(2) How long has it been rainy ?

解説

❷ (1)「わたしは2年間，大阪に住んでいます。」 (2)「わたしたちは5年間，彼女に会っていません。」

❹ (1)「その生徒たちはどのくらい東京で勉強していますか。」 (2)「どのくらい長く雨が降っていますか。」

70 現在完了 ②

❶ (1) have visited (2) has seen
(3) never〔not〕 written
(4) Have, ever (5) has, twice

❷ (1) Have, ever been
(2) never〔not〕 read
(3) many times

❸ (1) first visit (2) has been, twice

解説

❸ (1)「今までに訪れたことがない」→「これが最初の訪問」 (2)「彼女は二度アメリカへ行ったことがあります。」

71 現在完了 ③

❶ (1) already sent (2) left, yet
(3) just finished (4) done, yet

❷ (1) トムはすでに駅に着きました。
(2) わたしはちょうどお皿を洗ったところです。
(3) あなたのお母さんはもう新聞を読みましたか。
(4) わたしたちはまだ夕食を料理していません。

❸ (1) We haven't〔have not〕 cleaned our classroom yet.
(2) Has your sister bought the CD yet ?
(3) Hiroko has just come back from Kobe.

解説

❷ (3) **疑問文中の yet は「もう，すでに」。**
(4) **否定文中の yet は「まだ」。**

❸ (3)「ちょうど」は just，「帰ってくる」は come back。

▶助動詞

72 助動詞

❶ (1) may (2) should
(3) cannot〔can't〕

❷ (1) had (2) be able to (3) would
(4) must

❸ (1) もっとゆっくり話していただけますか。
(2) わたしはいつかパリを訪れたいと思っています。

❹ (1) You don't have to clean this room.
(2) Would you tell me the way to the hospital ?

解説

❶ (3)「～のはずがない」は cannot〔can't〕。

❷ (3) 文全体の動詞が過去形の thought なので，それに合わせて would を選ぶ。
(4)「あなたは長い間歩いたあとで疲れているにちがいありません。」

❸ (1) Could〔Would〕 you ～？はていねいな依頼の表現。

❹ (1)「～する必要はない」は don't have to ～。

▶不定詞

73 不定詞 ①

❶ (1) how to (2) what to
(3) which to (4) when to

❷ ⑴ そのお年寄り(の男性)はこの村でどこに滞在すればよいかわたしに教えてくれました。

⑵ 今日どちらのTシャツを着ればよいか教えてください。

⑶ わたしは母の誕生日に何を買えばよいかわかりません。

❸ ⑴ where to get off the bus

⑵ taught me how to use

解説

❸ ⑴「どこでバスを降りればよいか教えてもらえますか。」 ⑵「父がわたしにそれの使い方を教えてくれました。」

74 不定詞 ②

❶ ⑴ too sweet ⑵ It, to

⑶ it, to ⑷ too, to

❷ ⑴ It, to ⑵ too, to

❸ ⑴ It is important for them to read

⑵ am too busy to go out with

⑶ is difficult for me to answer this

解説

❷ ⑵「私は昨晩あまりに疲れていて仕事を終えられませんでした。」

75 不定詞 ③

❶ ⑴ to go ⑵ want, to

⑶ told, to ⑷ asked, to

❷ ⑴ 先生は生徒たちにこの部屋で待つように言いました。

⑵ あなたはユミにこのコンピュータの使い方をあなたに教えるように頼みましたか。

❸ ⑴ Kenji asked me to help him with

⑵ We want Mary to visit Japan

⑶ John told me to read this letter.

解説

❷ ⑵ how to use ～「～の使い方」

▶名詞を説明する表現

76 分詞の形容詞的用法

❶ ⑴ dancing ⑵ playing

⑶ boiled ⑷ spoken

❷ ⑴ sleeping baby ⑵ written in

❸ ⑴ boy playing ⑵ taken by

❹ ⑴ visit old people living near my house

⑵ The flowers planted by my uncle are very popular.

解説

❶ ⑵「公園で遊んでいる子どもはわたしの娘です。」 ⑷「オーストラリアで話されている言語は何ですか。」

❸ ⑵「彼女によって撮られた写真はとても美しかったです。」

77 名詞を修飾する節

❶ ⑴ わたしのおじが持っている自転車

⑵ わたしが昨日撮った写真

⑶ わたしがいちばん好きな日本食はすしです。

⑷ これはわたしが今までに見た中で最もよい映画です。

❷ ⑴ he gave

⑵ notebook, looking

⑶ I bought

❸ ⑴ The language they speak is Spanish.

⑵ The season I like the best is spring.

⑶ give me the pictures you drew last month

解説

❶ (1)(2)〈名詞＋主語＋動詞〉の形。〈主語＋動詞〉が前の名詞を修飾している。
(3) The ～ best までが文全体の主語。動詞は is。 (4) movie を I have ever seen がうしろから修飾している。

❷ (2)「～を探す」は look for ～。

❸ (1) The ～ speak までが文全体の主語。
(2) The ～ best までが文全体の主語。

▶関係代名詞

78 関係代名詞 ①

❶ (1) あなたは向こうで歌っている少年を知っていますか。
(2) 雪でおおわれている屋根を見なさい。
(3) わたしは８時に出発するバスで通学しています。

❷ (1) which are (2) who came

❸ (1) The picture that was painted by Ken is popular.
(2) The woman who has a red bag is my sister.
(3) Show me the letter that was sent by John.

解説

❶ (1) the boy, (2) the roof, (3) the bus を関係代名詞以降の部分がうしろから修飾している。

❷ (1)「ユミは女の子の間で人気があるいくつかのかばんを持っています。」
(2)「わたしは昨日あなたに会いに来た少年を知っています。」

79 関係代名詞 ②

❶ (1) これはわたしがユカから受け取ったEメールです。
(2) わたしがこのクラスでいちばんよく知っている少年はトムです。
(3) わたしたちが昨日見た映画は有名です。

❷ (1) that we (2) which, bought
(3) that we met (4) which I like

❸ (1) The singer that I like the best is
(2) is proud of the camera that his father

解説

❶ (1)の which と(2)の that は省略することができる目的格の関係代名詞。

❷ (1)「わたしたちが昨日会った少女たちは親切でした。」 (2)「先週わたしが買った本はおもしろいです。」 (3)「マイクはわたしたちがカナダで会った少年です。」
(4)「数学はわたしが大好きな科目です。」

❸ (2)「～を自慢にしている」は be proud of ～。

▶様々な表現

80 間接疑問文

❶ (1) Akiko visited
(2) when he plays
(3) why you came (4) that is

❷ (1) how he studies (2) what is

❸ (1) you tell me which way we should go
(2) I don't know why Yumiko is crying.
(3) Do you know who teaches science ?

解説

❸ (2) why があるので，「ユミコが泣いている理由」は「なぜユミコが泣いているのか」と考える。

81 文　型

❶ (1) We call (2) helped, carry
(3) keep, clean (4) made, sad

❷ (1) リサはその本がおもしろいとわかりました。
(2) 今日，わたしに夕食を料理させてください。

❸ (1) Yoko's father won't let her go to Tokyo.
(2) Who named that dog Koro ?
(3) Why did you paint this roof blue ?

解説

❶ (2)「Aが～するのを手伝う」は，〈help A＋動詞の原形 ～〉で表す。 (3)「AをB(の状態)にしておく」は，keep A B(形容詞)で表す。

❷ (1) find A B(形容詞)で，「AがBだとわかる」。 (2)〈let A＋動詞の原形 ～〉で，「Aに～させる」。

❸ (3)「AをB(色)に塗る」は, paint A B(形容詞)で表す。

82 接続詞

❶ (1) so, that (2) or
(3) Get〔Wake〕, and
(4) Both, and

❷ (1) too, to (2) Eat, or

❸ (1) Alex was sad because his brother lost the game.
(2) I want to go to the aquarium if it is rainy
(3) me as soon as you arrive in London

解説

❶ (1)「とても～なので…」は，so ～ that ... で表す。 (2)「AもBも(～ない)」は，(not)～ either A or B で表す。

❷ (1) so ～ that A can't ...「とても～なのでAは…できない」は，too ～ to ...「あまりにも～なので…できない」でほぼ同じ意味を表せる。

❸ (1) because で理由を表せる。 (3)「～したらすぐ」は，〈as soon as ＋主語＋動詞〉で表す。

▶現在完了進行形

83 現在完了進行形

❶ (1) been (2) running
(3) been using

❷ (1) メグは9時からずっと日本語を勉強しています。
(2) ヨシオと彼の友だちは2時間ずっと公園を掃除しているのですか。
(3) あなたはどのくらいの間ずっとジョンを待っているのですか。

❸ (1) Have, been (2) has been

❹ (1) Saori has been practicing the piano for
(2) it been raining in Osaka since

解説

❶ (1) **「(今までずっと)～している」**と，ある動作が継続していることを表すときは，**〈have〔has〕been ＋動詞の ing 形 ～〉**の形を使う。

❷ (3) How long ～ ? は，「どのくらいの間～」という意味。

❸ (1) since は「～から」，「～以来」という意味で，(2) for は「～の間」という意味。

❹ (2) 現在完了進行形の疑問文は〈Have〔Has〕＋主語＋been＋動詞の ing 形 ～ ?〉の形。

▶仮定法過去

84 仮定法過去

❶ (1) were, would (2) would, were
(3) studied, could
(4) wish, were

❷ (1) liked, would (2) would, were
(3) helped, would〔could〕

❸ (1) もしジュンコが上手に英語を話すなら，彼女はジョンと友だちになるでしょう。
(2) もし注意深くなければ，ヨウコはその交通事故に巻き込まれているでしょう。
(3) わたしの祖父は生きていれば100歳になっています。
(4) もし時間があれば，あなたは何をしますか。

解説

❶ **「もし(今)〜なら，…だろう〔できるだろう〕」**という現在の事実と反する仮定は，**〈If＋主語＋過去形の動詞，主語＋would〔could〕＋動詞の原形 … .〉**で表す。
(1)(2) 仮定法過去の文では，ifのあとのbe動詞は主語がIや3人称・単数でも，ふつうwereを使うことが多い。
(4) **「〜が…ならばなあ」**と，現在の事実と反する願望は，**〈I wish ＋主語＋過去形の動詞 … .〉**で表す。

❷ (1)「わたしは動物が好きではないので，この本を買いません。」＝「もしわたしが動物が好きならこの本を買うでしょう。」 (2)「晴れていないので，わたしたちは海で泳ぎません。」＝「もし晴れていれば，わたしたちは海で泳ぐのに。」 (3)「あなたの助けがあれば，わたしたちはその試合に勝つでしょう。」＝「もしあなたがわたしたちを助けてくれるなら，わたしたちはその試合に勝つでしょう。」

国 語

▶漢字・語句

85 漢字・語句

❶ (1) 拝 (2) 興奮 (3) 背筋 (4) 障子
(5) 模型 (6) ざんしん (7) せいとん
(8) そうかい (9) めいりょう
(10) あきら

❷ (1) ウ (2) ア (3) ウ (4) エ

解説

❶ (1)「拝」の右のつくりは縦棒が上に突き出ない。(5)「型」を「形」としないよう気をつける。(9)「明瞭」とは，はっきりしてわかりやすいこと。

❷ (4)「にっちもさっちもいかない」でよく使われ，どんなに考えても行き詰まって進めないという意味である。

86 同訓異字・同音異義語

❶ (1) 会 (2) 温 (3) 効 (4) 誤 (5) 治
(6) 始 (7) 備 (8) 就 (9) 努 (10) 著

❷ (1) 対照 (2) 周知 (3) 意義 (4) 紹介
(5) 習性 (6) 想像 (7) 保険 (8) 器械
(9) 補償 (10) 成算

解説

❶ (9)「努める」は力を尽くすこと，「務める」は役目を果たすこと，「勤める」は働くこと。(10)「表す」は姿や形のないものに対して使い，「現す」は姿や形のあるものに対して使う。「著す」は書物などを書き，世に出すということ。

❷ (1)「対照」は，比較してみて違いが際立っていること。「対象」は，「〜向き」という意味でよく使われる。(4)「照会」は問い合わせること。(9)他の字は，それぞれ「身元を保証する」「老後の生活を保障する」のように用いる。

▶文　法

87 敬　語

❶ (1) イ　(2) ア　(3) ア　(4) ウ　(5) ア
(6) イ　(7) ア　(8) イ　(9) ウ　(10) イ

❷ (1) いただいた　(2) 申して
(3) 伺いました(お聞きしました)
(4) 召しあがって　(5) 父

解説

❶ (4)「お体をたいせつに」という場合の「お」は**尊敬語**であるが，「おふろ」や「お水」などの「お」は**丁寧語**。

88 まぎらわしい品詞の識別

❶ (1) ウ　(2) ア　(3) イ　(4) ア　(5) ウ
(6) ウ　(7) イ　(8) ア　(9) イ　(10) イ

解説

❶ (2)「受身」の意を選ぶ。**イ**は「尊敬」**ウ**は「可能」。(3)**イ**が「完了」。**ウ**は「過去」の意となる。(4)「起点」の意を選ぶ。(5)「静かだ」という形容動詞の一部。(9)名詞の働きをする「の」である。

▶現代文

89 小　説①

❶ (1) イ　(2) エ
(3) (例)届けてくれた少年を前に人形は捨てられたものだろうとも言えず，困ったから。

解説

❶ (1)少年の言った「『これを……思うんだ。』」からその理由がわかる。(2)「どぎまぎ」とは，突然のことにあわてている様子のこと。(3)捨てられた人形のようだが，純粋(じゅんすい)な気持ちで届けてくれた少年のことを思うと，捨てられたものだろうとも言えず困っているのである。

90 小　説②

❶ (1) (例)殻を破って成長すること。
(2) イ (3) ア

解説

❶ (2)二，三行目の「少年はまたひとつ変わっていく」がヒントとなる。これまでは父の言いなりになっていた岳が父に抵抗するようになったのである。

91 小　説③

❶ (1) 描くことを～なかった。
(2) (例)現実の過酷さも非情さも何一つ知らないから。　(3) エ

解説

❶ (1)どうしても描きたいという強い思いを持っていることを踏まえて探す。父親に反対されても，描くことを諦めようとは思っていなかったのである。(2)直後の一文に着目し，現実の厳しさを知らないことを自覚していたことをまとめる。

92 随　筆①

❶ (1) (例)山の樹木が木造建築物の材木として使われ，その建物が長く残ること。
(2) イ　(3) (例)一つの寺(や塔などを)建てる(のに，)違った山の木(を)混ぜて使っ(てはいけない)。

解説

❶ (1)「樹」は山で生きている姿，「木」は建物の材木という意味で用いている。(2)すぐあとの「逆の方向にむけて進んで」から考える。自然に対する人間のおごりが，間違った方向にむかわせていると筆者は考えている。(3)一つの建造物には同じ山の木を使えという意味である。

93 随　筆②

❶ (1) 雑草の花を美しいと思っている。
(2) (例)ほかの動植物に対する人間中心の価値判定(19字)　(3) **イ**

解説

❶ (3)雑草が生えないような環境ということで，**イ**が正解となる。

94 説明・論説文①

❶ (1) **ウ**　(2) 中国でいえ～百年ほど前
(3) 文明

解説

❶ (1)前に書かれた「長い人類の……ともいえます。」が，本質的な言葉は「言」である理由になる。(3)「文明」は，生活水準の向上など近代社会のあらゆる状態を一語でいったもの。そのことの功罪はもちろんあるが，人類はその恩恵を受けている。

95 説明・論説文②

❶ (1) (例)日本では雨が多く降り，それが生活に密接な関係を持つので雨に関する言葉が多い。　(2) **ア**
(3) (例)英語社会では，地味で上品な味わいという観念が欠けているから。

解説

❶ (2)「横しま」は，正しくないこと。

96 説明・論説文③

❶ (1) **ア**　(2) (例)危険が除かれても必ずしも安心は得られない(という点)(20字)　(3) 不安

解説

❶ (2)筆者は本文で，「危険」と「不安の原因」になるものは別物であるとし，危険がない安全な状態でも，必ずしも安心は得られない(＝不安)と言っている。

97 説明・論説文④

❶ (1) **イ**
(2) 幼児／自然界／生命の尊さ／自然のエネルギー／(幼児)体験
(3) 日本人の自然観(と)西洋の思想
(順不同)

解説

❶ (1)第一段落に書かれている内容を短くまとめているものを選ぶとよい。(3)後の段落で，例を挙げながら自然に対する東洋と西洋の自然観の違いを述べ，それが「まったく正反対」だとしている。

98 説明・論説文⑤

❶ (例)
　言葉は人と人が理解し合うための手段です。だから，お互いに同じ意味として捉えることが必要です。相手や状況により外来語を使うかどうか慎重に判断すべきです。
　世論調査によれば，「キャンセル」は77.7%の人が「取消し」という意味で使っています。しかし，「ニーズ」は人によって捉え方が違います。「コンセンサス」に至っては，意味そのものを知らない人が約半数います。このように，外来語によって理解の程度は様々であり，混乱を招く可能性があります。(213字)

解説

❶ 外来語を使うことについて，資料から読み取って考えたことを意見としてまとめる。第二段落では「意見の根拠」を書く指示があるので，どうしてそのように考えるのかをまとめるとよい。

99 詩・短歌・俳句①

❶ (1) **エ** (2) Aいまは亡き
Bいない C不思議

解説

❶ (2)いまは亡き中原中也は，「海には人魚はいないのです」と言ったが，私には不思議に人魚の姿が見えてくるという内容になっている。

100 詩・短歌・俳句②

❶ (1) 視覚…目には見えない
聴覚…風の音でわかる
(2) **イ** (3) や (4) **ア**

解説

❶ (2)「蛙」は，春の季語。**ア**「せみ」は夏，**イ**「ひな」は春，**ウ**「天の河」は秋，**エ**「枯野」は冬である。

▶古 典

101 古 文①

❶ (1) つくりよう (2) **ウ** (3) **エ**

解説

❶ (2)「心得（こころう）」は，合点したの意。ちょっと見ただけで，もうわかったと思ってしまったのである。(3)「口伝も……」で始まる最後の一文に，作者の述べようとすることがまとめられている。

102 古 文②

❶ (1) **ウ** (2) A（例）金持ちである
B（銭）二文 C一文
(3)（例）虫歯ではない歯を抜かせた（12字）・二文で済むところを三文払った（14字）

解説

❶ (1)「唐人がもと」の「が」は，「私の物」の「の」と同じ働きをするので，**ウ**か**エ**となる。また，「行きぬ」の「ぬ」は完了の意で，「行った」となる。行かないという場合は「行かぬ」となる。(3)悪い一本の歯を二文で抜けるところを一文多い三文払って，良い歯まで抜かせてしまった愚かさを，「大きに愚か」と評している。

103 漢文・漢詩①

❶ (1) 七言絶句 (2) **ア**
(3) 孤 帆，遠 影／碧 空ニ 尽キ
(4) **ウ**

解説

❶ (1)四行の漢詩は絶句，八行の漢詩は律詩である。(2)現代語で「故人」というと亡くなった人であるが，古典では古くからの親友のことをいう。よく出題されるので覚えておこう。(4)親友を見送りに来た詩であることからも判断できる。

104 漢文・漢詩②

❶ (1) 山高キガ故ニ不レ貴カラ (2) あるいは
(3) **エ**
(4) **ア**

解説

❶ (3)樹木は人間の生活に役立ったり，鳥や獣が身を隠（かく）して生きていくのに役立ったりしていると述べられている。(4)山が高いというのは外見。それだけで価値があるのではなく，樹木があり，いろいろな点で役に立つ（実質）ということでその価値を判断すべきであると述べている。